POLYGLOTT

Berlin
zu Fuß entdecken

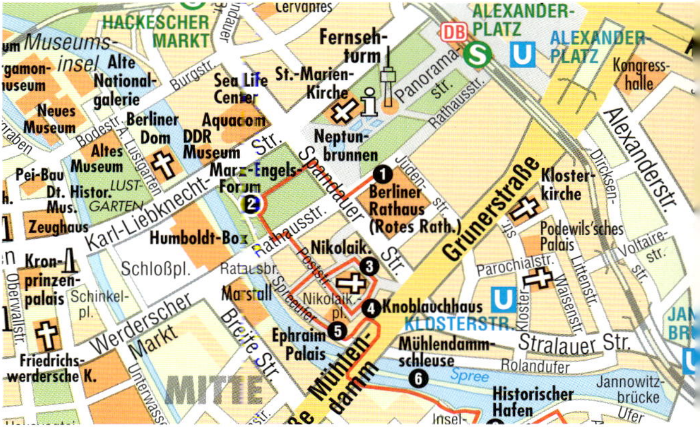

Gehen Sie zu Fuß auf Entdeckertour und erkunden Sie Ihre Lieblingsstadt mit all ihren Facetten und verborgenen Winkeln. Jede Tour führt Sie in eine andere Gegend, lässt Sie überraschende Eindrücke sammeln und Altbekanntes neu genießen.

Zeichenerklärung:

Wann

Sie sind viel im Freien unterwegs – am schönsten bei Sonnenschein

Überwiegend im Inneren – macht auch bei Regen Spaß

Am schönsten in der Abenddämmerung und danach

Dauer · Distanz

kurz Ein Spaziergang mit schönen und interessanten Orten zum Verweilen

mittel Mittellanger Fußweg und Sehenswürdigkeiten, die einen langen Aufenthalt lohnen

lang Langer Fußweg mit vielen Stationen, für die Sie sich viel Zeit nehmen sollten

Farbsystem:

Zentrum

Norden

Osten

Süden

Westen

Herausragende Sehenswürdigkeiten sind mit * gekennzeichnet. Die Touren leiten von einer Station des öffentlichen Nahverkehrs (**S**, **U**, Busse, Straßenbahn) zu einer anderen, Parkplatzsuche überflüssig.

Wann	Dauer	Tour	Stadtviertel	Seite
☀	kurz	1	**Mitte** Brandenburger Tor und Unter den Linden	8
🌧	kurz	2	**Mitte** Rund um die Museumsinsel	12
☀	kurz	3	**Mitte** Durchs Nikolai-Viertel	16
🌙	mittel	4	**Mitte** Jüdisches Leben und Hinterhofkultur	20
🌙	kurz	5	**Mitte** Nightlife und Shopping	24
🌧	kurz	6	**Tiergarten** Rund um den Potsdamer Platz	28
☀	mittel	7	**Tiergarten** Durchs Regierungsviertel	32
☀	lang	8	**Tiergarten** Durchs Botschaftsviertel und den Tiergarten	36
☀	mittel	9	**Charlottenburg** Einkaufsbummel am Kudamm	40
☀	mittel	10	**Charlottenburg** Ein schöner Garten und königliche Museen	44

Wann	Dauer	Tour	Stadtviertel	Seite
☀	mittel	11	**Mitte** Mauerreminiszenzen Teil 1 und Jüdisches Museum	48
☾	mittel	12	**Kreuzberg** Kiezatmosphäre und alternative Szene	52
☀	kurz	13	**Kreuzberg** SO 36 und ein Stück türkisches Berlin	56
☀	lang	14	**Kreuzberg und Friedrichshain** Alternative Kulturszene	60
☀	mittel	15	**Treptow** Ein Park, eine Sternwarte und ein Badeschiff	64
☀	mittel	16	**Mitte** Reminiszenzen an die Mauer Teil 2	68
☾	kurz	17	**Prenzlauer Berg** Szene- und Ausgehbezirk – voll im Trend	72
☀	mittel	18	**Tegel** Industriekultur und ein schöner See	76
☀	mittel	19	**Köpenick** Auf den Spuren eines Hauptmanns	80
☀	mittel	20	**Müggelsee** Geschichte mit Seeblick	84

Wann	Dauer	Tour	Stadtviertel	Seite
☀	🕐 mittel	21	**Wannsee** Kunst, Natur und Geschichte	88
☀	🕐 mittel	22	**Potsdam** Schloss Glienicke und ein Stück Russland in Preußen	92
☀	🕐 mittel	23	**Pfaueninsel** Ein Paradies am Rande der Großstadt	96
☀	🕐 mittel	24	**Potsdam** Schlosspark Babelsberg	100
☀	🕐 lang	25	**Potsdam** Der Neue Garten – eine meisterliche Komposition	104
☀	🕐 lang	26	**Potsdam** Ganz ohne Sorgen – Schloss Sanssouci	108
☀	🕐 mittel	27	**Potsdam** Geschichtsträchtige Altstadt	112
☀	🕐 mittel	28	**Charlottenburg** Olympiastadion und Waldbühne	116
☀	🕐 lang	29	**Grunewald** Ein lehrreicher Tag in der Natur	120
☀	🕐 mittel	30	**Spandau** Zitadelle und Kolk – das Mittelalter lässt grüßen	124

Unsere besten city-Tipps:

Hotels   **Seite 128**

ackselhaus BERLIN • Adlon Kempinski • Die Fabrik • Grand Hyatt Berlin • Honigmond Garden Hotel • Hotel de Rome • Mövenpick Hotel Berlin • Riehmers Hofgarten • Schlosshotel im Grunewald • The Westin Grand

Restaurants   **Seite 132**

Bagdad • Café Restaurant Wintergarten im Literaturhaus • Diekmann im Weinhaus Huth • Enoiteca Il Calice • Heinz Minki • Henne • Horvath • Iskele • Mirchi • Opernpalais • Refugium • Restaurant 44 im Swissotel • Schloss Glienicke Remise • Schlossrestaurant Cecilienhof • Weinstein • Zitadellen Schänke

Shopping   **Seite 138**

Kaufhäuser • Spezialläden • Flohmärkte • Museumsläden • Souvenirs

Nightlife   **Seite 144**

Adagio • Ballhaus Mitte • Bar am Lützowplatz • Belle et fou • Bungalow Dinnerclub • Lido-Berlin • Spindler & Klatt • Ultralounge im stilwerk Berlin • Watergate • 40 seconds

Innenstadt Berlin — Umschlag vorne

Übersicht Berlin — Umschlag hinten

Alle Touren auf einen Blick — Seite 2

Veranstaltungskalender — Seite 148

City Tipps von A bis Z — Seite 150

Unterwegs in der Stadt — Seite 152
Öffentliche Verkehrsmittel • Sightseeing • Taxis • Velotaxis

Register — Seite 154

Preiskategorien im Überblick:

Hotel (Doppelzimmer):
- ○○○ ab 200 €
- ○○   bis 200 €
- ○   bis 100 €

Restaurant (Hauptgericht):
- ○○○ ab 20 €
- ○○   bis 20 €
- ○   bis 10 €

Tour **1**

Rin' in die gute Stube

kurz

Pariser Platz → *Brandenburger Tor → Bebelplatz → Staatsoper → Zeughaus → Deutsches Historisches Museum → Schlossplatz

1,5 Kilometer, die es in sich haben: Berlins berühmter Boulevard lädt zum Flanieren ein und macht mit wichtigen historischen Etappen vertraut. Das preußische Zeitalter steht dabei im Mittelpunkt.

Start: **Brandenburger Tor (Bus 100, U/S-Bahn Brandenburger Tor)**
Ziel: **Schlossplatz (Bus 100, 200, TXL)**
Wann: **bei trockenem Wetter**

Berlins gute Stube ist der **Pariser Platz ❶**. Das Wahrzeichen der wiedervereinigten Stadt – das *****Brandenburger Tor** – erhebt sich an der Westseite, gerahmt von repräsentativen Bauten, alle in Anlehnung an historische Vorbilder nach dem Mauerfall errichtet. Neben dem Tor steht an der Stelle, an der der Maler wohnte, das **Max-Liebermann-Haus.** Es folgen im Uhrzeigersinn das charmante Restaurant Theodor Tucher Speisekabinett & Leselounge (○○), das **Eugen-Gutmann-Haus** (ehem. Dresdner Bank) mit Ausstellungsräumen und die **Französische Botschaft.** Im anschließenden Gebäude hat die (Foto-)Sammlung **The Kennedys** ein dauerhaftes Domizil bezogen. Seit 2008 vervollständigt die US-amerikanische Botschaft den Platz auf der Südseite.

Brandenburger Tor

8

Daneben liegt das Verwaltungsgebäude der **DZ-Bank** von Frank O. Gehry, in dessen spektakuläres Atrium man einen Blick werfen sollte. Durch die benachbarte **Akademie der Künste** (wechselnde Ausstellungen) führt eine Passage zur Behrenstraße. Das wieder aufgebaute legendäre **Hotel Adlon** ❷ (s. Hotels, S. 129) glänzt in alter Pracht. In der Wilhelmstraße macht die **Britische Botschaft** farbig auf sich aufmerksam.

Atrium der DZ-Bank

Diese Kreuzung ist Auftakt der Allee **Unter den Linden**, ursprünglich ein Reitweg vom Hohenzollernschloss in das Jagdrevier Tiergarten. 1647 ließ der Große Kurfürst die ersten Lindenbäume pflanzen. Auf dem Mittelstreifen lässt es sich angenehm flanieren, Straßencafés sind nie weit.

Rechts breitet sich die imposante **Russische Botschaft** ❸ aus, links geht die Schadowstraße ab. Das 200 Jahre alte klassizistische **Haus Nr. 10/11** ❹ bewohnte der Bildhauer Johann Gottfried Schadow. Alles, was man über Berlin nachlesen will, findet man bei **Berlin Story** (s. Shopping, S. 139). Die Friedrichstraße ist einen eigenen Spaziergang wert (s. Tour 5, S. 24).

An der Charlottenstraße im Gebäude der Deutschen Bank zeigt das **Deutsche Guggenheim** ❺ Ausstellungen zeitgenössischer Kunst. Die linke Straßenseite wird bis zur Universitätsstraße beherrscht von der **Staatsbibliothek** ❻ (1903–1914) mit ihrem reizvollen Innenhof. Von hier an geben sich die Linden friderizianisch. Friedrich der Große reitet in der Mitte auf dem **Standbild** ❼ von Daniel Rauch. Die **Humboldt-Universität** belegt die Räume des früheren Prinz-Heinrich-Palais. Der **Bebelplatz** ❽ zwischen der Alten Bibliothek, wegen ihrer geschwungenen Form »Kommode« genannt, und der Staatsoper war 1933 Schauplatz der Bücherverbrennung. Im Süden wird der Platz vom Luxushotel De Rome (s. Hotels, S. 130) abgeschlossen, einst Stammsitz der Dresdner Bank. Daneben zeugt die katholische **Hedwigskathedrale** von der sprichwörtlichen Toleranz im protestantischen Preußen.

Schmuckstück ist die **Staatsoper Unter den Linden** ❾, 1742 eröffnet und nach dem Zweiten Weltkrieg wieder aufgebaut (bis 2013 geschl.). Die vielfältige Gastronomie im Opernpalais (s. Restaurants, S. 135) hat für jeden Geschmack das Richtige.

Auf der anderen Seite der Linden liegt das Kastanienwäldchen mit **Schinkels Alter Wache** ❿, heute Gedenkstätte, an deren nördlichem Ende sich das Palais am Festungsgraben und das Maxim-Gorki-Theater verbergen. Rechts daneben fasziniert das gläserne Treppenhaus, der Eingang zum **Pei-Bau** ⓫, den sich das **Deutsche Historische Museum (DHM)** von Stararchitekt Ieoh Ming Pei für Wechselausstellungen errichten ließ. Im Hauptgebäude, dem barocken **Zeughaus** ⓬, lädt das DHM zu einem Gang durch 2000 Jahre deutsche Geschichte ein.

Die **Schlossbrücke** ist wie die **Friedrichswerdersche Kirche** ⓭ und die Bauakademie davor (die Attrappe wirbt für den Wiederaufbau) ein Werk Karl Friedrich Schinkels. Sie führt direkt zum **Schlossplatz** ⓮. Über seine wechselvolle Geschichte und die Bebauung, vom Schloss der Hohenzollern über den Palast der Republik, bis zum künftigen Humboldt-Forum informiert die Humboldt-Box mit Aussichtsplattform.

Pei-Bau

Touren im Anschluss: 2, 3

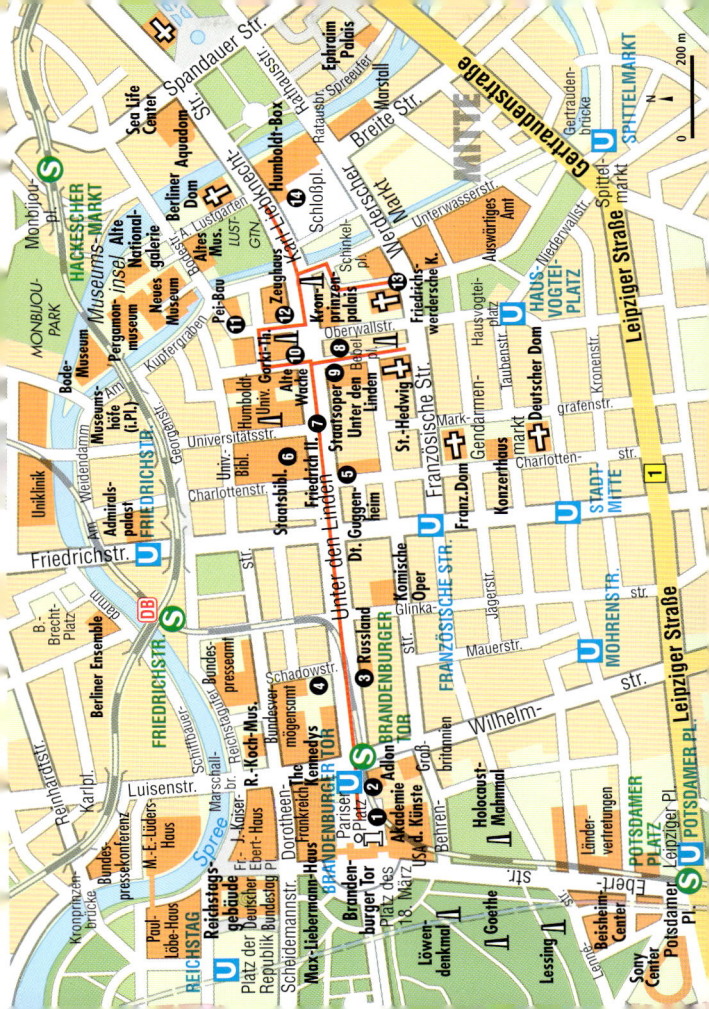

Tour 2

Rund um die *Museumsinsel

kurz

Schlossplatz → Lustgarten → *Berliner Dom → Altes Museum → Alte Nationalgalerie → Pergamonmuseum → Bode-Museum → Monbijou-Park → Hackescher Markt

Der Weg ist kurz, dafür kann der Aufenthalt umso länger ausfallen: Die Sammlungen der fünf Museumshäuser reichen von archäologischen Schätzen bis zur Kunst des 19. Jhs. Zum Ausklang lockt der Szenetreff rund um den Hackeschen Markt.

Start: Schlossplatz/Lustgarten (Bus 100, 200, TXL)
Ziel: Ⓢ Hackescher Markt (S 3, 5, 75),
Ⓤ Weinmeisterstraße (U 8)
Wann: jederzeit, Do und Sa Wochenmarkt auf dem Hackeschen Markt

Auf ins Museum: Wer Durchhaltevermögen hat, kann den ganzen Tag auf der Museumsinsel verbringen, die zum UNESCO-Welterbe gehört. Täglich haben das Alte Museum, das Neue Museum und das Bode-Museum geöffnet; die anderen sind montags geschlossen. Donnerstags sind Besucher in allen Häusern bis 22 Uhr willkommen (Ausnahme: Neues Museum Do, Fr bis 20 Uhr). Die Museumsinsel nimmt nur den nordwestlichen Teil der Spreeinsel ein, die südöstlich der Gertraudenstraße endet (s. Tour 3, S. 16).

Berliner Dom

Ausgangspunkt zu diesem Rundgang ist der **Lustgarten** ❶. Die Ostseite dominiert der monumentale ***Berliner Dom** ❷, der auf Wunsch Kaiser Wilhelms II. zum Paradebeispiel des prunkvoll überladenen »Wilhelminismus« wurde. Das Gotteshaus ist auch Konzertsaal und Museum. Sehenswert sind vor allem das Kaiserliche Treppenhaus, die Große Sauerorgel, die Hohenzollerngruft und die Mosaiken in der Kuppel, die erst vor wenigen Jahren in mühsamer Puzzlearbeit rekonstruiert wurden. Der Aufstieg in der Kuppel zur Aussichtsplattform ist möglich, die Sicht grandios.

Wasserspiele, Bänke und eine Liegewiese laden zum Verweilen im Lustgarten ein, den ursprünglich Karl Friedrich Schinkel gestaltet hatte. Er war auch Architekt des klassizistische Bau des **Alten Museums** ❸, das heute im Erdgeschoß Schätze der Antikensammlung, im Obergeschoss römische Skulptuen und etruskische Sarkophage beherbergt.

Die an einen griechischen Tempel erinnernde **Alte Nationalgalerie** ❹ bewahrt eine einzigartige Sammlung an Gemälden und Skulpturen des 19. Jhs. mit Meisterwerken von Caspar David Friedrich, Adolph Menzel, Max Liebermann, Schadow und Schinkel oder den französischen Impressionisten wie Monet, Degas, Renoir. Der Platz zwischen Kolonnaden und dem Reiterstandbild Friedrich Wilhelms IV. wurde als zauberhafter Gartenhof neu gestaltet.

Das wiederaufgebaute **Neue Museum,** eine grandios geglückte Verbindung alter Bausubstanz mit neuen Materialien, beherbergt das Ägyptische Museum mit Nofretete als Highlight sowie das Museum für Vor- und Frühgeschichte und Objekte der Antikensammlung (Besichtigung nur mit Zeitfenster-Ticket).

Der Weg führt am Kupfergraben entlang und über eine Brücke zum ***Pergamonmuseum** ❺. Hauptattraktionen der archäologischen Sammlungen sind der 2200 Jahre alte Pergamonaltar

Pergamonmuseum

und das Ischtar-Tor aus 20 000 blau glasierten Ziegeln am Ende der prächtigen Prozessionsstraße von Babylon. Das ***Bode-Museum** ❻ am nördlichen Ende der Museumsinsel zieht mit einer glanzvollen Präsentation der Skulpturensammlung, der Byzantinischen Kunst und dem Münzkabinett die Besucher an.

Die Fußgängerbrücke über die Spree endet im **Monbijou-Park** ❼, in dem einst das Monbijou-Schloss der Hohenzollern stand. Nach Ende der Monarchie und bis zur Zerstörung im Zweiten Weltkrieg war hier das Hohenzollernmuseum untergebracht. Im Sommer verwandelt sich das Spreeufer zum Strand, und man kommt sich vor wie in südlichen Gefilden, wenn man den vorbeiziehenden Schiffen zusieht. Allerdings sind in der Strandbar Mitte die Liegestühle heiß begehrt. Abends bringt das Hexenkessel Hoftheater bevorzugt Shakespeare auf die Freilichtbühne. Im Park gibt es noch Liegewiesen, Spielplätze und ein Kinderbad. In den S-Bahn-Bögen, die den Park durchziehen, haben sich diverse Kneipen und Läden angesiedelt.

Noch größer ist die Restaurant-, Bar- und Kneipendichte zwischen **Hackeschem Markt** ❽ und **Hackeschen Höfen** (s. Tour 4, S. 20). Die Gegend ist nicht nur am Abend Szenetreff. Auch tagsüber locken Cafés und Restaurants sowie eine Vielzahl an Galerien und Läden mit ausgefallenen Modeideen. Donnerstag und Samstag ist Wochenmarkt auf dem Hackeschen Markt (9–18 Uhr).

Monbijou-Park

Touren im Anschluss: 3, 4,

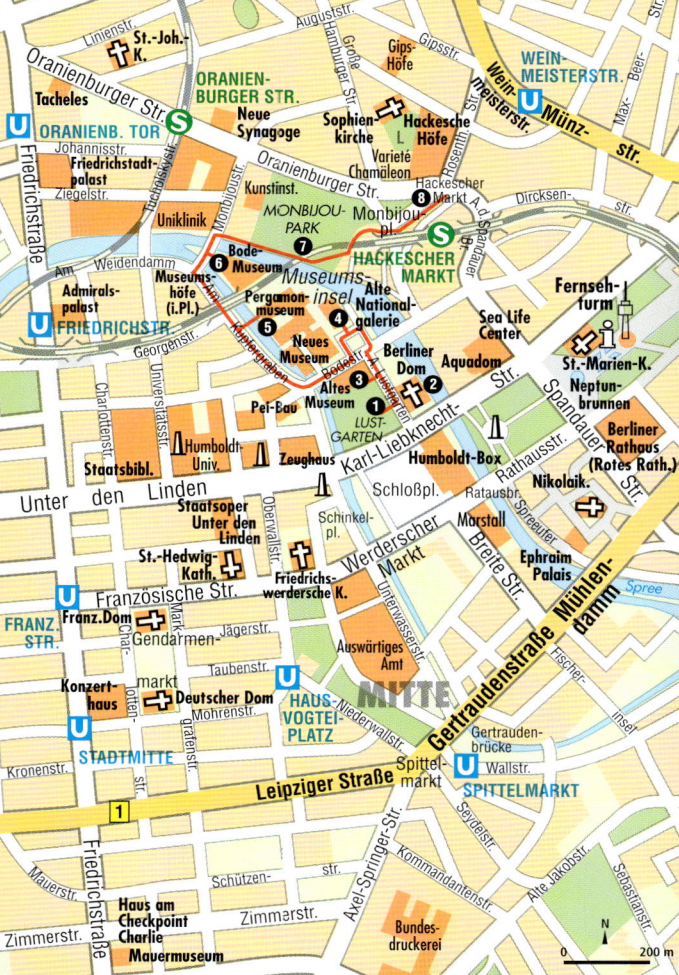

Tour **3**

Die Wiege Berlins

kurz

Rotes Rathaus → Marx-Engels-Forum → *Nikolai-Viertel → Mühlendammschleuse → Fischerinsel → Märkisches Ufer → Historischer Hafen → Märkisches Museum

Der kurze Spaziergang vom Nikolai-Viertel, dem ursprünglichen Berlin, zur Fischerinsel, dem einstigen Cölln, wird zu einem Streifzug durch 770 Jahre Geschichte. Im Märkischen Museum kann die Spurensuche vertieft werden.

Start: Berliner Rathaus (U-/S-Bahn/Tram), Alexanderplatz (U 2, 5, 8, S 3, 5, 7, 75, Tram M 4, 5, 6, Bus M 48, 100, 200, TXL)
Ziel: ① Märkisches Museum (U 2)
Wann: bei schönem Wetter; Museumsbesuche auch bei Regen

Berlin und Cölln hießen die Schwesternsiedlungen auf beiden Seiten der Spree, die sich 1307 vereinigten. Cölln besitzt die ältere Urkunde (1237) und bestimmte damit das Gründungsjahr der Stadt, die heute vom **Berliner Rathaus** ❶ aus regiert wird. Wegen der roten Ziegel wird der Amtssitz des Regierenden Bürgermeisters auch Rotes Rathaus (1861 bis 1869) genannt.

Ein Fußgängerüberweg bringt Sie sicher über die viel befahrene Spandauer Straße. Das **Marx-Engels-Forum** ❷ ist eines der letzten Denkmäler aus DDR-Zeiten – Karl

Rotes Rathaus

16

Marx und Friedrich Engels, beide überlebensgroß in Bronze gegossen, blicken gen (Nord-)Osten, während vom einstigen Palast der Republik in ihrem Rücken nichts mehr übrig ist. Am Ufer der Spree, gegenüber dem Dom, hält das private **DDR-Museum** die Erinnerung an den ganz normalen Ost-Alltag wach.

Südöstlich der Rathausstraße beginnt das in den 1980er Jahren neu errichtete ***Nikolai-Viertel** mit Souvenirgeschäften und Restaurants, von der deftigen Berliner Küche bei **Mutter Hoppe** (Rathausstraße 21, ○) oder **Julchen Hoppe** (Nr. 25, ○) bis zum edlen **Reinhard's** (Poststraße 28, ○○) im 1920er-Jahre-Look. Das urige Alt-Berliner Restaurant **Gerichtslaube** ein paar Schritte weiter (auch Nr. 28, ○) ist die Kopie der Gerichtslaube am Alten Berliner Rathaus. Ebenso eine Rekonstruktion ist das Gasthaus **Zum Nußbaum** (Am Nußbaum 3, ○), in dem einst der Berliner Milljöh-Maler Heinrich Zille verkehrte. »Zille sein Milljöh« wird im **Theater im Nikolai-Viertel** besungen (Nikolaikirchplatz 5–7; Fr, Sa 19.30 Uhr).

Auf den originalen Feldsteingrundmauern von 1230 wieder aufgebaut wurde die **Nikolaikirche ❸**, einschließlich der im 19. Jh. angefügten weithin sichtbaren Türme. Die neu konzipierte Dauerausstellung beleuchtet die 800jährige Kirchengeschichte. An die Stadtgründung erinnern der Wappenbrunnen und eine Gedenkplatte des Berliner Stadtsiegels vor der Kirche.

Einblick in die Wohnkultur des Biedermeier gibt das **Knoblauch-Haus ❹** von 1759, das einzige Original-Bauwerk im Nikolai-Viertel; im Untergeschoss lädt die **Historische Weinstube** ab mittags ein. Durch die

Blick auf die Nikolaikirche

Propststraße – Nr. 11 beherbergt das **Zille-Museum** – erreicht man das Spreeufer mit der Skulptur des Heiligen Georg als Drachentöter, die einst vor dem Berliner Stadtschloss stand. Gleich daneben kann man im **Georgenbräu** (○) Molle und Korn probieren, das klassische Berliner Duo aus Bier und Schnaps.

Die gegenüberliegende Spreeseite dominiert der ehemalige **Marstall,** heute Musikhochschule. Dem Spreeufer folgend, gelangt man zum **Ephraim-Palais ❺**. Der repräsentative Rokoko-Palast zeigt Ausstellungen des Stadtmuseums Berlin.

Schleuse

Wir überqueren den breiten Mühlendamm, blicken auf die **Mühlendammschleuse ❻** und gehen eine Treppe hinunter an das südliche Ende der alten **Fischerinsel** mit Hochhäusern der 1970er-Jahre.

An der Grünstraßenbrücke geht es über den Spreekanal, dann links in die **Wallstraße** mit restaurierten Geschäftshäusern der Gründerzeit. An der Fischerinselbrücke erreicht man das **Märkische Ufer.** Hier ist das **Ermelerhaus ❼** (Nr. 10) als klassizistisches Schmuckstück zu beachten, in dem das moderne Restaurant **Factory** (○○) bewusst Kontraste setzt, ebenso das damit verbundene **Art'otel Berlin Mitte.**

Lastkähne und Schlepper liegen im **Historischen Hafen ❽** vor Anker und dienen als Kneipen- bzw. Museumsschiff. Das **Märkische Museum ❾** erzählt die Geschichte Berlins in vielen Kapiteln. Besonders sehenswert ist das große Stadtmodell: Berlin wie es einmal war. Das Wappentier der Hauptstadt ist im Bärenzwinger auf dem ruhigen Platz hinter dem Museum gleich doppelt lebendig zu beobachten.

Tour im Anschluss: Nr. 13

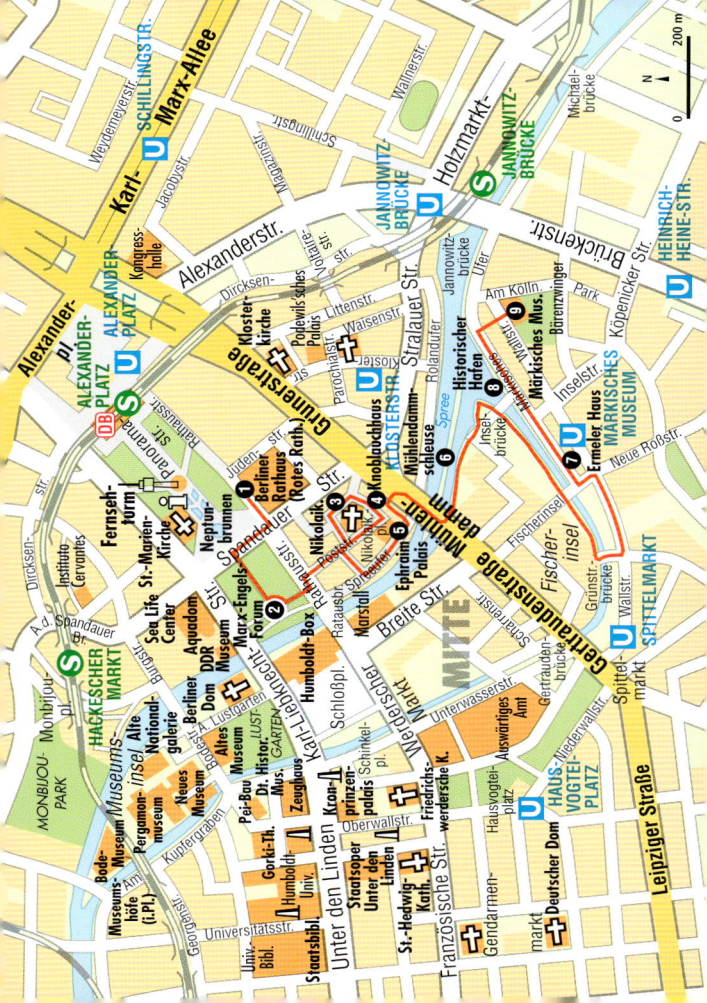

mittel

Tour 4

Jüdisches Leben und lange Nächte

Alexanderplatz → Rosenstraße → Hackesche Höfe → Sophienstraße → Oranienburger Straße → *Neue Synagoge → Gipsstraße → Weinmeisterstraße

Zwischen Alexanderplatz und dem Oranienburger Tor, in der einstigen Spandauer Vorstadt, haben sich Zeugnisse jüdischen Lebens erhalten, sind Kunst und Kultur in Hinterhöfe eingezogen und steppt nachts der Bär in einem der lebendigsten Viertel Berlins.

Start: Ⓤ Ⓢ Alexanderplatz (U 2, 5, 8, S 3, 5, 7, 75)
Ziel: Ⓤ Weinmeisterstraße (U 8);
Verlängerung über Alte Schönhauser Allee, Rosa-Luxemburg-Platz zur Ⓤ Ⓢ Alexanderplatz
Wann: bei gutem Wetter; jüdische Einrichtungen sind Sa geschlossen; auch ideal als Nightlife-Tour

Der **Alexanderplatz** ❶ ist wichtiger Verkehrsknotenpunkt, an dem ständig gebaut wird. Zur beliebten Shoppingadresse hat sich die glamourös gestaltete **Galeria Kaufhof** entwickelt; ganz besonders verlockend ist die Gourmet-Abteilung im Erdgeschoss. Durch den Bahnhof gelangt man zum **Fernsehturm** ❷, aus dessen Telecafé in 203 m Höhe man herrliche Aussichten genießt. Sehenswert auf dem großen namenlosen Platz zwischen Rathausstraße und Karl-Liebknecht-Straße sind der **Neptun-**

Alexanderplatz

brunnen ❸ von Reinhold Begas und die **Marienkirche** ❹, eine der ältesten Kirchen der Stadt, zu deren Kunstschätzen im Innern das Fresko »Der Totentanz« aus dem 15. Jh. zählt.

Der Zugang zur **Rosenstraße** zwischen den Plattenbauten an der Karl-Liebknecht-Straße ist leicht zu übersehen. Eine Gedenktafel und ein Denkmal erinnern an die mutigen nicht-jüdischen Frauen, die hier 1943 erfolgreich gegen die Verhaftung ihrer jüdischen Männer und Kinder protestiert hatten.

Vorbei am Hackeschen Markt (s. Tour 2, S. 12) kommt man in die Rosenthaler Straße mit vielen Kneipen und schicken Läden und zu den **Hackeschen Höfen** ❺. Das glanzvoll restaurierte architektonische Juwel des Jugendstils ist Tag und Nacht Anziehungspunkt.  Die Wohn- und Gewerbehäuser werden belebt durch Kino und Varieté, Galerie, Buchladen, Boutiquen, Restaurants, Cafés und Bars. Originelle Souvenirs gibts im **Ampelmann-Shop** (s. Shopping, S. 138).

Hackesche Höfe

In der schmalen **Sophienstraße** lohnt der Blick in weitere Innenhöfe: Die Sophiensæle in einem ehemaligen Handwerkervereinshaus sind Spielstätte für zeitgenössische Tanz- und Theaterproduktionen. An der Gestaltung der Sophie-Gips-Höfe mit ihrer Passage zur Linienstraße waren bildende Künstler beteiligt.

An der Gaststätte Sophieneck (○) trifft die Sophienstraße auf die **Große Hamburger Straße.** Gegenüber liegt das Katholische St.-Hedwigs-Krankenhaus, ein paar Schritte weiter auf der linken Seite die ehemalige jüdische Knabenschule, die heute allen Konfessionen offen steht. Ein Mahnmal an der begrünten Freifläche daneben erinnert daran, dass sich hier die Sammelstelle für Berliner Juden zur Deportation befand, ein einzelner Grabstein dahinter an den alten jüdischen Friedhof.

Die **Oranienburger Straße** ist mit ihren Restaurants, Bars und Galerien eine beliebte Ausgehmeile und auch ein Stück Rotlichtbezirk.

Neue Synagoge

Schon von Weitem sieht man die goldene Kuppel der *Neuen Synagoge ❻. Hinter der 1988 wieder aufgebauten Fassade und in einem angrenzenden Neubau lädt das **Centrum Judaicum** zu Ausstellungen und Veranstaltungen ein. Der Klinkerbau an der Ecke Tucholskystraße, das einstige Postfuhramt, hat einen neuen Investor, aber noch keinen neuen Inhalt. Kurz vor der Friedrichstraße zweigt gegenüber dem Kulturzentrum Tacheles (s. Tour 5, S. 24) nach rechts die Auguststraße ab. Hier liegt das populäre asiatische Restaurant **Mirchi** (s. Restaurants, S. 135). Entlang der Auguststraße finden sich weitere jüdische Einrichtungen, darunter das **Beth Café** (Tucholsky/Auguststraße), vor allem aber wechseln Clubs und Galerien. Internationale Bedeutung für zeitgenössische Kunst haben die **Kunst-Werke Berlin ❼** (Auguststr. 69). Schräg gegenüber liegt das **Clärchens Ballhaus** (s. Nightlife, S. 144), das seit fast 100 Jahren zum Schwof bittet.

Durch die Gipsstraße erreicht man den U-Bahnhof Weinmeisterstraße oder setzt den Spaziergang durch die **Alte Schönhauser Straße ❽** fort. Auf dem Weg zur Volksbühne am Rosa-Luxemburg-Platz kann man sich bei **Kochlust** (s. Shopping, S. 142) so richtig Lust auf Kochen holen. Von da ist es auch nicht mehr weit zum Alexanderplatz.

Touren im Anschluss: 2, 3 und 5

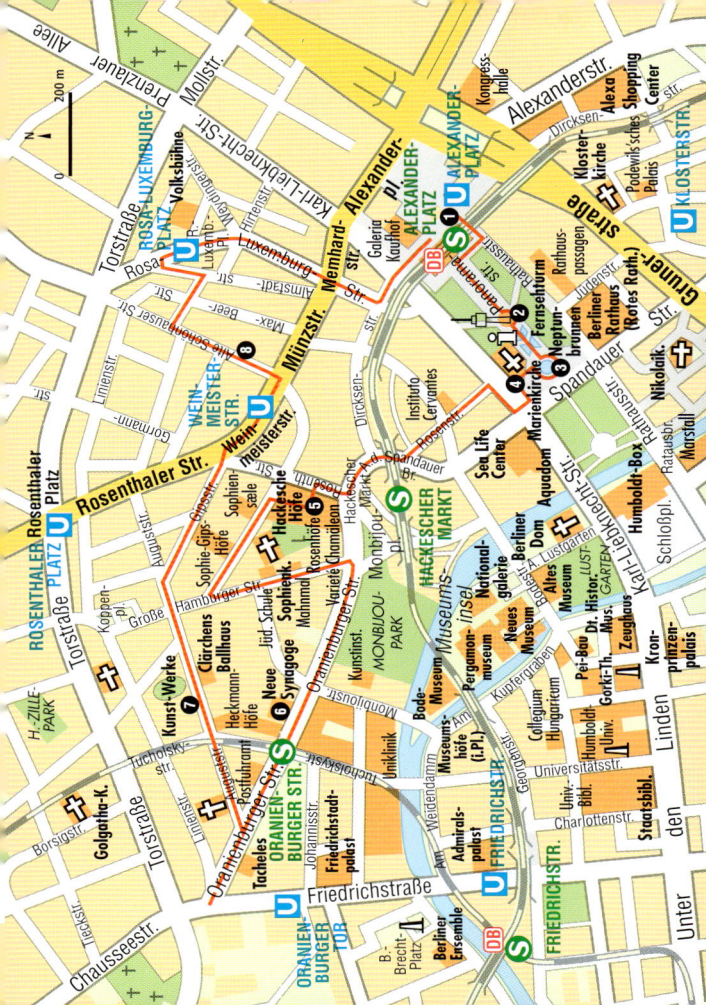

kurz

Tour 5

Nightlife und Shopping

Oranienburger Tor → Friedrichstraße → Reinhardtstraße → Albrechtstraße → Schiffbauerdamm → Taubenstraße → *Gendarmenmarkt

Die legendäre Friedrichstraße zeichnet sich durch ihre Mischung von Kommerz und Kultur, von Alt und Neu aus. Die goldenen 1920er-Jahre werden genauso lebendig wie die Zeit der Teilung der Stadt – und auch die Preußen sind nicht weit: am Gendarmenmarkt.

Start: Ⓤ Oranienburger Tor (U 6)
Ziel: Leipziger Straße (Bus M 48), Ⓤ Stadtmitte (U 2)
Wann: tagsüber zum Einkaufen, abends für Kultur und Unterhaltung

Die nördliche Friedrichstraße ist die Achse des größten Theaterviertels der Stadt – für den Drink danach bietet sich auch die Oranienburger Straße an. Hier ist der Haupteingang zum **Tacheles** ❶. Das alternative Kulturzentrum mit Künstlerateliers, Veranstaltungssälen, einem Kino und dem Café Zapata hatte sich unmittelbar nach der Wende in der Ruine eines ehemaligen Kaufhauses eingerichtet, das einst durch eine Passage bis zur Friedrichstraße reichte.

Tacheles

Gleich neben diesem Brachland prunkt der **Friedrichstadtpalast** ❷, Europas größtes Revuetheater – mitreißender Höhepunkt ist die Reihe der Girls mit den längsten Beinen von Berlin.

Genau gegenüber dem Friedrichstadtpalast zweigt die Reinhardtstraße ab. Das von Max Reinhardt begründete **Deutsche Theater** ❸ liegt um die Ecke in der Schumannstraße. Über die Albrechtstraße geht es zum **Schiffbauerdamm.** Die vielen Restaurants und Kneipen rücken im Sommer ihre Tische ans Ufer der Spree.

Deutsches Theater

Auf dem Bert-Brecht-Platz sitzt der Dichter in Bronze gegossen vor seinem Theater, dem berühmten **Berliner Ensemble** ❹. Nach wenigen Schritten steht man auf der Weidendammer Brücke. Der Blick fällt links auf das Bode-Museum an der Spitze der Museumsinsel, rechts sieht man die Eisenbahnbrücke vor dem Bahnhof Friedrichstraße; hinter dem Bauklotz rechts auf der Friedrichstraße liegt der **Tränenpalast** ❺. Vor dieser Halle für die Grenzkontrollen, die unterirdisch mit dem Bahnhof Friedrichstraße verbunden war, flossen zu Mauerzeiten so manche Tränen, wenn der West-Besuch wieder nach Hause musste. Noch vor den Bahngleisen auf der linken Seite ist im Hinterhof der **Admiralspalast** ❻ wieder erstanden und huldigt wie in den 1920er Jahren der leichten Muse, mit großer Bühne für Theater und Musical, mit Studio, Club und Galerie sowie – demnächst – dem Admiralsbad, gespeist aus der hauseigenen Solequelle. Im selben Gebäudekomplex sticht die **Distel** kabarettistisch zu.

Südlich des Bahnhofs Friedrichstraße beginnt die Einkaufsmeile, die sich bis zur Leipziger Straße erstreckt. Ein erster Anziehungspunkt ist das **Kulturkaufhaus Dussmann** mit einer riesigen Auswahl an Büchern und CDs (s. Shopping, S. 140). Auch mehrere Restaurants, Cafés und Hotels gibt es hier, so das elegante **Westin Grand Berlin** (s. Hotels, S. 131) an der Kreuzung Friedrichstraße/Unter den Linden. Von der architektonisch einheitlichen Blockbebauung hebt sich das Kaufhaus **Galeries Lafayette** mit seiner gläsernen Fassade ab. Im Innern faszinieren der originelle Lichthof und die Delikatessabteilung. Eine Passage verbindet das französische Kaufhaus unterirdisch mit dem schicken **Quartier 206,** in dem hauptsächlich Designer-Boutiquen luxuriöse Mode und Accessoires anbieten (s. Shopping, S. 141).

Die Taubenstraße führt mitten auf den ***Gendarmenmarkt,** der unter Friedrich dem Großen angelegt wurde. Das heutige **Konzerthaus ❼**, das mehrere Vorgängerbauten hatte, ist eine Rekonstruktion von Karl Friedrich Schinkels Schauspielhaus.

Französischer Dom

Der majestätische Bau über einer hohen Freitreppe wird harmonisch flankiert von zwei Kirchen: Zum **Französischen Dom ❽** gehört das Hugenottenmuseum und im Kellergewölbe das Restaurant Refugium (s. Restaurants, S. 136), der **Deutsche Dom ❾** zeigt eine Ausstellung zur Demokratie in Deutschland. Ringsum laden weitere Cafés, Restaurants und Bars zur Entspannung ein.

Unwiderstehlich sind Duft und Anblick von Pralinen, Confiserie und Kunstwerken aus Schokolade bei **Fassbender und Rausch,** dem größten Schokoladenhaus Europas an der Ecke Mohrenstraße (s. Shopping, S. 140).

Über die Leipziger Straße hinweg gelangt man zum weltberühmten Checkpoint Charlie (s. Tour 12, S. 48).

Tour im Anschluss: 11

Tour 6

Rund um den *Potsdamer Platz

kurz

Sony Center → Philharmonie → Kulturforum → St. Matthäus-Kirche → *Neue Nationalgalerie → Daimler City → Marlene-Dietrich-Platz → Alte Potsdamer Straße

Moderne Architektur, viel Kultur und noch mehr Vergnügen findet man auf engem Raum im Zentrum der neuen Mitte Berlins. Ablaufen kann man den Weg in 30 Minuten – aufhalten kann man sich hier den ganzen Tag und die Nacht dazu.

Start: ① Ⓢ Potsdamer Platz (S 1, 2, 25, U 2, Regionalbahn)
Ziel: Potsdamer Platz
Wann: auch an Regentagen geeignet wegen der vielen Innenräume

Man steigt vom unterirdischen Bahnhof Potsdamer Platz die Treppen hoch und steht mitten drin in Berlins »New York«. Wie zwei Tortürme schieben sich die beiden Wolkenkratzer in die Kreuzung Potsdamer, Ebert-, Leipziger- und Stresemannstraße. Eine Kopie der ersten Verkehrsampel in Europa erinnert daran, dass hier schon 1925 Großstadtverkehr herrschte. Im Klinkerbau von Hans Kollhoff (101 m, Alte Potsdamer Straße 1) bringt der »schnellste Aufzug Europas« Besucher in 20 Sekunden auf die Aussichtsplattform **Panoramapunkt** mit Café. Der Blick von oben ist grandios. Der leicht gerundete Glasbau der **Deutschen**

Potsdamer Platz

28

Bahn bleibt nachts hell erleuchtet, dahinter erhebt sich das Luxushotel **Ritz Carlton.** Nach wenigen Schritten auf der Potsdamer Straße wird rechts der Blick angezogen von Gold und Stuck hinter einer Glaswand: Der prachtvolle **Kaisersaal** blieb als einziger Raum des ehemaligen Hotels Esplanade erhalten und ist heute Ort exklusiver Events. Der Saal liegt im **Sony Center** ❶ von Helmut Jahn, über das sich eine raffinierte Zeltdachkonstruktion spannt. Hier findet man Restaurants, Cafés, Bars, Kinos und das Filmhaus, u. a. mit dem Museum für Film und Fernsehen; Highlight der Dauerausstellung ist die Marlene Dietrich Collection.

Sony Center

An der Kreuzung der Potsdamer mit der Ben-Gurion-Straße beginnt das **Kulturforum:** zunächst das Scharoun-Ensemble mit **Musikinstrumenten-Museum, Philharmonie** ❷ – dem Konzerthaus der Berliner Philharmoniker – und **Kammermusiksaal,** dann der Museumskomplex mit *****Gemäldegalerie, Kupferstichkabinett, Kunstbibliothek** und **Kunstgewerbemuseum.** Die nüchternen Bauten aus den 1980er-Jahren lassen von außen nicht erahnen, welche Kunstschätze sich dahinter verbergen. Bis zum Mauerfall im Niemandsland, präsentiert sich das Kulturforum am Potsdamer Platz heute mitten im pulsierenden neuen Zentrum. Zugang zu allen Museen hat man von der schräg ansteigenden Piazzetta.

Philharmonie

Der Blick zurück bleibt an der Skyline des Potsdamer Platzes hängen – vom Sony-Center bis zum debis-Hochhaus. Der große Bau im Vordergrund ist die **Staatsbibliothek** ❸ mitten auf der Alten Potsdamer Straße – niemand glaubte kurz nach dem

Mauerbau an ein wiedervereinigtes Berlin. Vorbei an der **Matthäus-Kirche** ❹ von Friedrich August Stüler, dem einzigen erhaltenen Bau der Vorkriegszeit, gelangt man zu Ludwig Mies van der Rohes lichtdurchflutetem Tempel für die moderne Kunst: die ***Neue Nationalgalerie** ❺ mit wechselnden Ausstellungen.

Nach einem kurzen Stück auf dem Reichpietschufer, links am Landwehrkanal entlang, biegt man wieder links ein. Die Wasserfläche, die sich im Sommer in ein Strandidyll verwandelt, begrenzt die 1998 eröffnete **Daimler City.** Mittelpunkt ist der **Marlene-Dietrich-Platz** ❻. Hier ballt sich das Vergnügen: das

Marlene-Dietrich-Pl.

Musicaltheater mit dem riesigen Nachtclub Adagio (s. Nightlife, S. 144) im Keller, die Spielbank und gegenüber das Theater der Blue Man Group. Bars und Restaurants gibt es im Grand Hyatt Hotel und viele weitere in der **Alten Potsdamer Straße.** Nicht allein wegen der guten Küche bemerkenswert ist das **Diekmann** im Weinhaus Huth (s. Restaurants, S. 133): Das »letzte Haus am Potsdamer Platz« blieb vom Bombenhagel verschont, stand zu Mauerzeiten allein auf weiter Flur und überstand schließlich unversehrt die gigantischen Bauarbeiten ringsum.

Shopping-Fans zieht es in die **Potsdamer Platz Arkaden** ❼, eines der beliebtesten Einkaufszentren Berlins (s. Shopping, S. 143). Ein heißer Tipp für einen kalten Genuss ist die Gelateria im ersten Stock. Durch den Ostausgang der Arkaden stößt man auf den wallähnlichen Tilla-Durieux-Park und gelangt links hoch wieder zum Bahnhof Potsdamer Platz.

Touren im Anschluss: 7, 8, 11

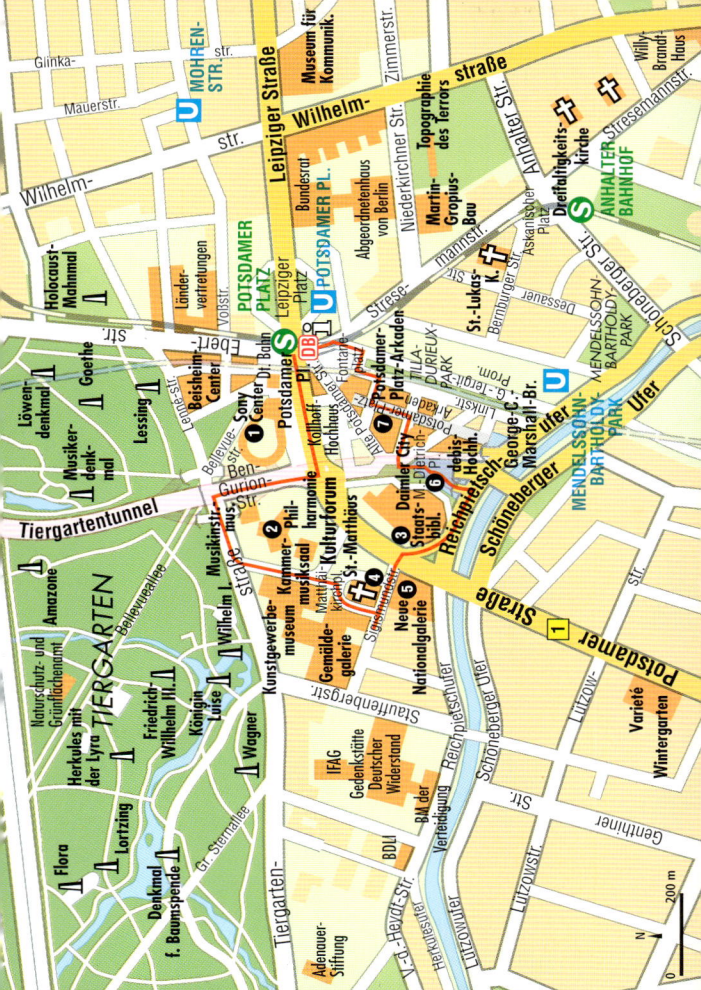

Tour 7

Durchs Regierungsviertel

mittel

Potsdamer Platz → Ministergärten → *Holocaust-Mahnmal → Brandenburger Tor → *Reichstag → Bundeskanzleramt → Spreebogenpark → Hauptbahnhof → *Hamburger Bahnhof

Der Spaziergang führt vom Potsdamer Platz ins Regierungsviertel, vorbei am Holocaust-Mahnmal und am Brandenburger Tor, zum Reichstag und zum Kanzleramt, streift Parlamentsbauten, den neuen Hauptbahnhof und endet mit Kunst im Hamburger Bahnhof.

Start: Ⓤ Ⓢ Potsdamer Platz (S 1, 2, 25, U 2, Regionalbahn)
Ziel: Ⓢ Hauptbahnhof (S 3, 5, 7, 75)
Wann: bei trockenem Wetter

In der Verlängerung nach Osten wird die Potsdamer Straße zur Leipziger Straße. Unmittelbar schließt der Leipziger Platz an, dessen neue Bebauung der ursprünglichen oktogonalen Platzanlage folgt. Zu den vollendeten Bauten gehört die kanadische Botschaft.

Die Tour wendet sich Richtung Norden: Links an der Ebertstraße liegt das **Beisheim Center** ❶, eine noble Wohnanlage mit den Luxushotels Ritz Carlton und Marriott. Der schöne Name **In den Ministergärten** ❷ lässt nicht erahnen, dass sich rundum die Schaltzentren der Macht befanden, von Bismarck bis Hitler. Schon im 18. Jh. lagen hier die Gärten der Adelspalais an der Wilhelmstraße, die später zu Ministerien wurden. Die heutigen Landesvertretungen – sieben der 16 deutschen Länder haben hier ihre Repräsentanz beim Bund – sind allesamt Neubauten auf ehemaligem Grenzsperrgebiet. Bei Ausstellungen und Veranstaltungen sind Häuser und Gärten zugänglich.

Die Hannah-Arendt-Straße begrenzt im Süden das ***Denkmal für die ermordeten Juden Europas ❸**, die zentrale Holocaust-Gedenkstätte Deutschlands. Das großflächige Stelenfeld mit 2711 grauen Betonelementen nach dem Entwurf des New Yorker Architekten Peter Eisenman will zur individuellen Auseinandersetzung mit dem Ausmaß des Holocaust anregen. Der Ort der Information (Mo geschl.) im Untergeschoss erinnert mittels exemplarischer Lebens- und Familiengeschichten an die sechs Millionen Opfer. In der Behrenstraße, gegenüber der Cora-Berliner-Straße, gibt es eine unauffällige Passage, die durch die Akademie der Künste zum Pariser Platz führt (s. Tour 1, S. 8).

Gedenkstätte

Diese Tour führt weiter entlang der Ebertstraße, vorbei an der US-Botschaft, bis zum **Brandenburger Tor ❹**. Wie eng die Berliner Mauer das Wahrzeichen bis 1990 einschnürte, kennzeichnet die Markierung im Boden. Nach Westen erstreckt sich schnurgerade durch den Tiergarten die **Straße des 17. Juni,** die während der Fußball-WM als Fanmeile Furore machte und Schauplatz der alljährlichen großen Silvesterfeiern ist.

Auf der Ebertstraße geht es weiter zum ***Reichstag ❺**, dem Sitz des Deutschen Bundestages. Wer einen Blick auf den Parlamentssaal werfen, vor allem aber die gläserne Kuppel besteigen will, die Norman Foster dem ehrwürdigen Reichstag aufgesetzt hat, muss sich in die Warteschlangen einreihen – oder man

Reichstagskuppel

33

schließt sich einer Führung an. Die Aussicht von der Dachterrasse eröffnet ungewohnte Perspektiven auf die Stadt.

Nun bietet sich ein kleiner Abstecher in den Tiergarten an, vorbei am Carillon-Glockenspiel, um das **Haus der Kulturen der Welt** ❻ zu umrunden. Mit seiner kühnen Dachkonstruktion ist es ein Baudenkmal der 1950er-Jahre.

Vom Uferweg aus werden die Ausmaße des lang gestreckten **Bundeskanzleramts** ❼ deutlich. Das architektonische »Band des Bundes« setzt sich Richtung Osten fort, durch das **Paul-Löbe-Haus** ❽, das Bürogebäude für die Abgeordneten, und das **Marie-Lüders-Haus** ❾ auf der anderen Spreeseite mit der Parlamentsbibliothek. Hinter der Schweizer Botschaft liegt der **Spreebogenpark.** Eine Fußgängerbrücke führt auf kurzem Weg zum Hauptbahnhof am Washingtonplatz.

Die **Kronprinzenbrücke** ❿ ist ein guter Standort für Fotoaufnahmen. Am **Kappele-Ufer** lockt im Sommer der Bundespressestrand mit Liegestühlen, Minipools und Salsa-Musik.

Hauptbahnhof

Der **Hauptbahnhof** ⓫, ein gigantischer Glaspalast, ist auch ein großes Einkaufszentrum (So geschl.) mit Bistro-Restaurants. Züge fahren tief im Untergrund und auf der Hochbahnstrecke.

Vom nördlichen Ausgang am Europaplatz sind es auf der Invalidenstraße noch ein paar hundert Meter zum ***Hamburger Bahnhof** ⓬, der das Museum für Gegenwart, u. a. mit der Friedrich Christian Flick Collection beherbergt.

Touren im Anschluss: 3, 4 (per S-Bahn zum Alexanderplatz), 5 (per S-Bahn zur Friedrichstraße), 8 (per S-Bahn zum Bahnhof Zoo)

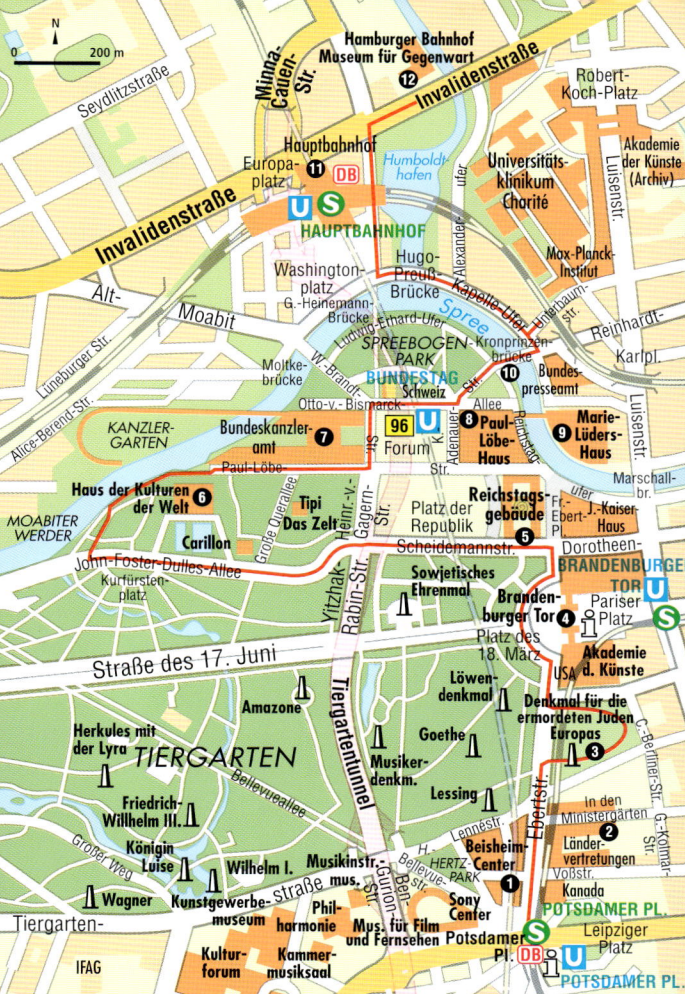

Tour 8

Durch Botschaftsviertel und Tiergarten

lang

**Kulturforum → Gedenkstätte Deutscher Widerstand
→ Botschaften Tiergartenstraße → Tiergarten → Schloss
Bellevue → Akademie der Künste**

Botschaften und Parks, Architektur und Natur vereint der Spaziergang vom Kulturforum durch das Botschaftsviertel und den Stadtpark Tiergarten zum Schloss Bellevue, dem Amtssitz des Bundespräsidenten.

Start:	Philharmonie/Kulturforum (Bus 200, M 48), oder Ⓤ Ⓢ Potsdamer Platz
Ziel:	Ⓢ Bellevue/Ⓤ Hansaplatz
Wann:	bei trockenem Wetter

Das Botschaftsviertel am südlichen Rand des Tiergartens entstand schon in der Kaiserzeit. Die Zerstörungen im Zweiten Weltkrieg haben nur wenige Villen überstanden, Grundstücke und Ruinen blieben aber zum Teil im Besitz der jeweiligen Länder. Einige kehrten, nachdem Berlin wieder Hauptstadt geworden war, an ihren alten Standort zurück. Überwiegend wurde neu gebaut von Architekten, die sich von Formen, Farben oder Traditionen der entsprechenden Länder inspirieren ließen. Das führte zu einer reizvollen architektonischen Vielfalt.

Die Tour startet an der Philharmonie, die 1963 als erster Bau des **Kulturforums** eröffnet wurde (s. Tour 6, S. 28). Vorbei am Museumskomplex, geht es durch die Sigismund- zur Stauffenbergstraße. Nach links steht man nach wenigen Schritten vor dem Eingang zur **Gedenkstätte Deutscher Widerstand ❶**. Das Gebäude ist heute Verteidigungsministerium. Eine Ausstellung informiert über das gescheiterte Attentat auf Hitler am 20. Juli 1944. Ein Mahnmal im Hof erinnert an die Widerstandskämpfer um Claus Schenk Graf von Stauffenberg, die hier noch in derselben Nacht hingerichtet wurden.

Die **Ägyptische Botschaft ❷** in der Stauffenbergstraße 6–7 ist Nachbar der Republik **Österreich ❸**, die sich ihr Botschaftsgebäude mit der markanten Eckgestaltung zur Tiergartenstraße von Stararchitekt Hans Hollein erbauen ließ. Rötlicher Sandstein kennzeichnet die Botschaft **Indiens ❹**. Es folgen die Botschaftsgebäude von **Südafrika ❺** und der **Türkei ❻**. **Italien ❼** hat den Monumentalbau von 1942 rekonstruiert, der über 50 Jahre lang Ruine war. Auch **Japan ❽** knüpft an den Vorgängerbau aus den 1930er-Jahren an und hat den Komplex zur Hiroshimastraße hin erweitert. Auffallendstes Gebäude in der Hiroshimastraße ist die Botschaft der **Vereinigten Arabischen Emirate ❾**, die an ein Märchenschloss aus 1001 Nacht erinnert.

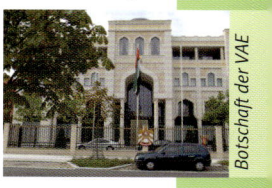

Österr. Botschaft

Botschaft der VAE

Wie ein Schiff schiebt sich die Glasfassade der **CDU-Zentrale** an der Corneliusbrücke in die Klingelhöferstraße. An der Rauchstraße setzen die **Mexikanische Botschaft ❿** und die **Botschaft der Nordischen Länder ⓫** kühne architektonische Akzente. Am Ende der Rauchstraße liegt ein ruhiges Wohngebiet und mittendrin, an der Lichtensteinallee, die **Botschaft des Königreichs Spanien** ⓬. Auch hier wurden Fassade und Elemente des 1940er-Jahre-Baus mit modernen An- und Einbauten verbunden.

Die »Goldelse«

Gegenüber ist der Eingang zum **Café am Neuen See,** einem der schönsten Biergärten in der Stadt in lauschiger Umgebung; den See kann man per Tretboot erobern.

Der Spaziergang führt nun auf der Fasanerieallee mitten durch den Tiergarten zur **Siegssäule** ⓭ mit der »Goldelse«, der Siegesgöttin Victoria, auf der Spitze und einer Aussichtsplattform auf 265 Stufen Höhe.

Der **Tiergarten,** das einstige Jagdrevier der Kurfürsten und Könige, ist der größte innerstädtische Park, in dem Flaneure, Liebespaare, Sonnenanbeter, Jogger, Radfahrer und vor allem die Anhänger der Grill- und Picknickkultur ihre Stammplätze haben. Letztere bevorzugen die Wiesen östlich des Spreewegs. Auf der Westseite liegt versteckt hinter Bäumen das **Bundespräsidialamt** und an der Spree das **Schloss Bellevue** ⓮, der Amtssitz des Bundespräsidenten. Der Weg an der Spree entlang führt direkt zum S-Bahnhof Bellevue.

Man kann in diesem Abschnitt des Tiergartens noch einen Abstecher machen zum **Englischen Garten,** einem schmucken Blumengarten. Im zugehörigen Teehaus finden häufig Konzerte statt. Von hier gelangt man zum Veranstaltungshaus der **Akademie der Künste** ⓯. Sie begrenzt das **Hansaviertel,** ein städtebauliches Beispiel für die »westliche Moderne« der 1950er-Jahre. In einem der Flachbauten um den U-Bahnhof Hansaplatz residiert das **Grips-Theater,** das mit seinen Stücken für Kinder und Jugendliche auch Erwachsene begeistert.

Touren im Anschluss: 6, 7, 9

TIERGARTEN
BUNDESTAG
N
0 200 m
Hansa-br.
Hansaufer
Lessingstraße
Bachstraße
Grips-Theater
Bartning-allee
BELLEVUE
SCHLOSSPARK BELLEVUE
Akademie der Künste
HANSAPL.
St.-Ansgar-Kirche
Altonaer Str.
Händelallee
Klopstockstr.
ENGL. GARTEN
Bundespräsidialamt
Schloss Bellevue
Spree
Lutherbrücke
Paul-straße
Spreeweg
Bismarck
Moltke
Roon
TIERGARTEN
Kaiser-Friedrich-Gedächtnisk.
Berlin Pavillon
Straße des 17. Juni
Großer Stern
Siegessäule
Bremer Weg
Karl Liebknecht
Fuchsjagd
Eberjagd
Fasanerieallee
Hofjägerallee
Neuer See
Wisent
Großer W.
Gartenufer
Café am Neuen See
Lichtensteinallee
Spanien
Rosa Luxemburg
ZOOLOGISCHER GARTEN
Aquarium
Budapester Straße
Katharina-Heinroth-Ufer
Cornelius-str.
Stülerstr.
Rauchstr.
Mexiko
CDU
Nordische Länder
Kingelhöferstr.
Bauhaus-Archiv
Volkslied
Fontane
Großer Weg
Köbisstr.
Konrad-Adenauer-Stiftung
Tiergarten-straße
Japan
VAE
Hiroshimastr.
BDLI
V.-d.-Heydt-Str.
Herkulesufer
Lützowufer
Italien
Hildebrandstr.
Gedenkstätte Deutscher Widerstand
BM der Verteidigung
Reichpietschufer
Ägypten
Indien
Österreich
Türkei
Süd-afrika
Stauffenbergstr.
Kunstgewerbemus.
Kulturforum
Gemäldegalerie
Matthäikirchpl.
St.-Matthäus-K.
Sigismundstr.
Neue Nationalgalerie
Staats-bibl.
M.-Dietrich-Pl.
Musical-Th.
Debis
Potsdamer-Platz-Arkaden
Philharmonie
Kammermusiksaal
Musikinstr.-mus.
Ben-Gurion-Str.
Bellevue-str.
Sony Center
Mus. für Film und Fernsehen
Wagner
Gr. Sternallee
Denkmal f. Baumspende
Flora
Lortzing
Herkules mit der Lyra
Friedrich-Wilhelm III.
Königin Luise
Wilhelm I.
Ahornsteig
Bellevueallee
Amazone
Tiergartentunnel
Musikerdenkmal
Goethe
Lessing
Yitzhak-Rabin-Str.
Sowjetisches Ehrenmal
John-Foster-Dulles-Allee
Kurfürstenplatz
Carillon
Große Querallee
Haus der Kulturen der Welt
Tipi-Das Zelt
Heinr.-v.-Gagern-Str.
Platz der Republik
KANZLER-GARTEN
Bundeskanzleramt
Paul-Löbe-Str.
Otto-v.-Bismarck-Allee
96
Forum
Str.

Tour **9**

Einkaufsbummel am Kudamm

mittel

***KaDeWe → Europa Center → Gedächtniskirche
→ Neues Kranzlereck → Fasanenstraße → Kantstraße
→ Savignyplatz → Knesebeckstraße → Olivaer Platz**

Bummeln, Schauen, Sich-Verführen-Lassen, Kaufen: Der Kudamm ist die schönste und längste Einkaufsstraße Berlins und lädt auch unabhängig vom Kaufrausch zu Entdeckungen ein.

Start: ① Wittenbergplatz (U 1, 2, 3)
Ziel: Olivaer Platz (Bus M 19, M 29, 109, X 10)
Wann: an Werktagen, Sa Markt am Walter-Benjamin-Platz (10–16 Uhr), Weihnachtsmarkt an der Kaiser-Wilhelm-Gedächtniskirche

Der Startpunkt der Tour könnte für manch einen schon zum Ziel eines langen Einkaufstages werden: Das ***KaDeWe ❶**, das größte Kaufhaus des Kontinents und mehr als 100 Jahre alt, bietet auf sechs Etagen einfach alles, was das Herz begehrt, von Accessoires bis Parfümerie, vom so genannten Luxus-Boulevard der Edelmarken im Erdgeschoss bis zur weltbekannten Feinschmeckeretage (s. Shopping, S. 142).

Die **Tauentzienstraße** mit ihren Mode- und Schuhgeschäften sowie vielen anderen Läden führt genau auf die Kaiser-Wilhelm-Gedächtniskirche zu, vorbei am **Europa Center ❷**. Das erste Hochhaus im West-Berliner Stadtbild (86 m) war 1965 auch die erste

KaDeWe

Mall, die Einkaufen und Vergnügen unter einem Dach einte. Im Keller spielen die »Stachelschweine«. Ganz oben lockt der exklusive Club Puro die Nachtschwärmer an, herrliche Aussicht inklusive.

Außerhalb, auf dem **Breitscheidplatz,** laden Straßencafés neben dem Weltkugelbrunnen von Joachim Schmettau, respektlos »Wasserklops« genannt, zu einer Pause mit Blick auf die Turmruine der **Kaiser-Wilhelm-Gedächtniskirche** ❸ ein. Daneben entstand in den 1960er Jahren der Neubau mit freistehendem Turm. In der Adventszeit findet rund um die Kirche ein stimmungsvoller Weihnachtsmarkt statt.

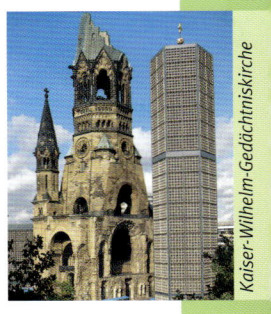

Kaiser-Wilhelm-Gedächtniskirche

An der Gedächtniskirche beginnt der **Kurfürstendamm,** der zu kurfürstlichen Zeiten als Reitweg in den Grunewald angelegt worden war. An der Kreuzung Joachimsthaler Straße stehen sich, gläsern und spitz, das **Neue Kranzlereck** von Helmut Jahn und als steinernes Halbrund das **Swissôtel** mit dem Restaurant 44 (s. Restaurants, S. 136) gegenüber.

In der südlichen Fasanenstraße hat sich eine Reihe großbürgerlicher Villen aus dem 19. Jh. erhalten, darunter das **Literaturhaus** mit dem »Cafe im Wintergarten«, das auch im lauschigen Garten serviert (s. Restaurants, S. 133), und die Nachbarvilla, in der das **Käthe-Kollwitz-Museum** ❹ an die Künstlerin erinnert.

Durch die Fasanenstraße erreicht man, vorbei am Hotel Kempinski und dem **Jüdischen Gemeindehaus** ❺, in dessen Fassade Teile der alten Synagoge integriert sind, die Kreuzung mit der Kantstraße, an der das **Kantdreieck-Hochhaus** mit dem eigenwilligen Dachsegel zeigt, woher der Wind weht.

41

Als Musicalbühne fungiert heute das über 100 Jahre alte **Theater des Westens** ❻ schräg gegenüber, dessen prächtige Fassade an glanzvolle Zeiten erinnert. Daneben gruppieren sich das **Delphi-Kino**, der Jazzkeller **Quasimodo** und im Hinterhof die **Vagantenbühne.**

Ein paar Meter weiter in der Fasanenstraße fällt das Ludwig-Erhard-Haus, in dem u. a. die **Börse** untergebracht ist, durch seine ungewöhnliche Bogenkonstruktion auf. Durch die Kantstraße geht es vorbei am **Stilwerk Design Center,** das edle Inneneinrichtung bietet, zum **Savignyplatz** ❼. Hier findet man v. a. in den S-Bahn-Bögen originelle Geschäfte und Restaurants. Die Knesebeckstraße führt unter der S-Bahn hindurch wieder zum Kurfürstendamm.

Börse

Ein kleines Stück zurück liegt in der Mitte des Blocks das **Kudamm Karree** ❽, eine Passage mit der Komödie und dem Theater am Kurfürstendamm sowie einem ungewöhnlichen Museum im Obergeschoss: **The Story of Berlin** erzählt die Geschichte der Hauptstadt in 20 inszenierten Erlebnisräumen.

Von der Bleibtreustraße über die Schlüter- und Wielandstraße bis zum **Olivaer Platz** ❾ wird der Kudamm immer eleganter. Hier versammeln sich die renommierten Designer und Juweliere dieser Welt.

Am sachlich-nüchtern gestalteten **Walter-Benjamin-Platz** ❿ wird samstags (10–16 Uhr) Wochenmarkt gehalten. Exquisite italienische Weine zu passenden Speisen bietet die **Enoiteca Il Calice** (s. Restaurants, S. 133).

Tour im Anschluss: 10

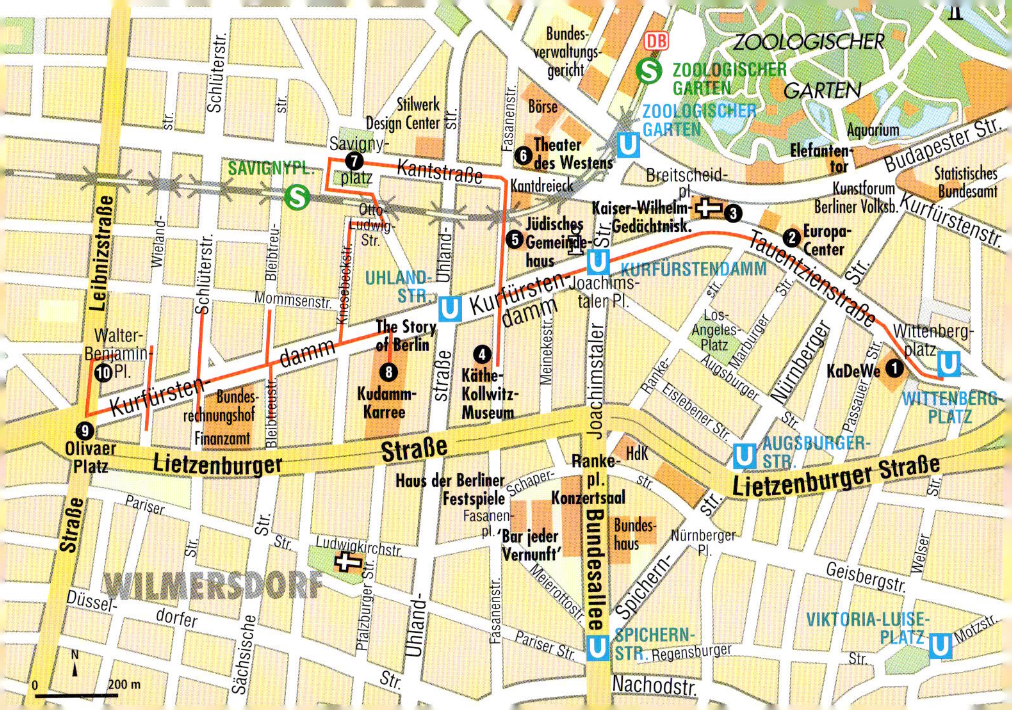

ZOOLOGISCHER GARTEN
ZOOLOGISCHER GARTEN
ZOOLOGISCHER GARTEN
DB
Bundesverwaltungsgericht
Börse
Stilwerk Design Center
Savignyplatz
SAVIGNYPL.
Kantstraße
Theater des Westens
Kantdreieck
Breitscheidpl.
Aquarium
Elefantentor
Budapester Str.
Statistisches Bundesamt
Kunstforum Berliner Volksb.
Kurfürstenstr.
Kaiser-Wilhelm-Gedächtnisk.
Europa-Center
Tauentzienstraße
Jüdisches Gemeindehaus
KURFÜRSTENDAMM
Joachimstaler Pl.
Otto-Ludwig-Str.
UHLANDSTR.
Kurfürstendamm
The Story of Berlin
Kudamm-Karree
Käthe-Kollwitz-Museum
Los-Angeles-Platz
Marburger Str.
Nürnberger Str.
Augsburger Str.
Ranke-
Eislebener Str.
Wittenbergplatz
KaDeWe
WITTENBERGPLATZ
Passauer Str.
AUGSBURGER-STR.
Lietzenburger Straße
HdK
Rankepl.
Konzertsaal
Bundesallee
Joachimstaler
Bundeshaus
Nürnberger Pl.
Haus der Berliner Festspiele
Schaper-
Fasanenpl.
'Bar jeder Vernunft'
Meierottostr.
Spichern-
SPICHERN-STR.
Regensburger
Nachodstr.
Geisbergstr.
Welser
VIKTORIA-LUISE-PLATZ
Motzstr.
Leibnizstraße
Walter-Benjamin-Pl.
Olivaer Platz
Bundesrechnungshof
Finanzamt
Schlüterstr.
Wielandstr.
Bleibtreustr.
Mommsenstr.
Knesebeckstr.
Uhlandstraße
Fasanenstr.
Meinekestr.
Pariser Str.
Ludwigkirchstr.
Pfalzburger Str.
Sächsische Str.
Düsseldorfer Str.
WILMERSDORF
N
0
200 m

Tour 10

*Schloss Charlottenburg

mittel

Sophie-Charlotte-Platz → Schloßstraße → Keramikmuseum → Schloss Charlottenburg → Schlosspark → Orangerie

Aus Sophie Charlottes Lustschloss wurde die größte Hohenzollern-Residenz in Berlin, die heute noch Preußens Glanz repräsentiert. Schloss und Schlossgarten allein lohnen den Spaziergang; daneben sind noch ganz unterschiedliche Museen zu entdecken.

Start: Ⓤ Sophie-Charlotte-Platz (U 2)
Ziel: Spandauer Damm (Bus M 45, 109, 309)
Wann: Innenbesichtigung auch bei Regen, Park bei gutem Wetter, besonders schön im Frühling; Keramikmuseum nur Sa–Mo

Vom U-Bahnhof Sophie-Charlotte-Platz geht es schnurgerade nach Norden auf das Schloss Charlottenburg zu, dessen Kuppel im Winter am besten zu sehen ist, wenn die Kastanienbäume keine Blätter haben. Auf Höhe der Zillestraße wird die **Schloßstraße** zur breiten Allee mit baumbestandener Mittelpromenade, auf der es sich ruhig flanieren lässt.

An der Ecke Schustehrusstraße lohnt sich ein kleiner Abstecher in das 300 Jahre alte Charlottenburg. Der Ursprungsbau der **Luisenkirche** ❶ mitten auf dem Gierkeplatz entstand schon 1716.

Das älteste, teilweise original erhaltene **Wohnhaus** im heutigen Bezirk Charlottenburg ist die Schustehrusstraße 13. In diesem einstöckigen Barockgebäude mit romantischem Innenhof zeigt das **Keramik-Museum Berlin** ❷ seine Sammlung an Gefäßen und Baukeramik vom 19. Jh. bis heute (nur Sa, So, Mo 13–17 Uhr).

Ältestes Wohnhaus

Geschichten aus Charlottenburg erzählt das Museum **Charlottenburg-Wilmersdorf** ❸ an der Schloßstraße. Im Nebengebäude ist die **Abguss-Sammlung antiker Plastik** (Do–So 14–17 Uhr) untergebracht. Im ehemaligen Ägyptischen Museum fand die Sammlung Scharf-Gerstenberg eine Heimat. Auf der gegenüberliegenden Straßenseite, finden sich zwei weitere herausragende Museen: Das **Bröhan-Museum** ❹ hat sich auf Jugendstil, Art Déco und Funktionalismus vor allem im Kunstgewerbe spezialisiert. Das ***Museum Berggruen** ❺ präsentiert Meisterwerke der klassischen Moderne, vor allem von Picasso, Klee, Giacometti und Matisse, die der Kunstsammler Heinz Berggruen Berlin überlassen hat.

Nun aber: **Schloss Charlottenburg** ❻. Hoch zu Ross empfängt der Große Kurfürst die Besucher im Ehrenhof. Das bronzene Reiterstandbild stammt von Andreas Schlüter. Das Schloss, 1695–99 erheblich kleiner für Sophie Charlotte erbaut, wurde nach dem frühen Tod der ersten preußischen Königin 1705 wie die angrenzende Siedlung Lietzenburg nach ihr benannt. Alle Hohenzollern-Herrscher bis 1918 haben zumindest zeitweise hier gelebt und ihre Spuren bei der Veränderung des Bauwerks und in der Innenausstattung hinterlassen.

Schloss Charlottenburg

Zu besichtigen sind prachtvolle Wohnräume, festliche Säle, das Porzellankabinett, die Schlosskapelle, die Hoftafel- und Silberkammer, die größte Sammlung französischer Malerei des 18. Jhs. außerhalb Frankreichs und andere Kostbarkeiten mehr. Rechts schließt sich der Neue Flügel an, in dem auch wechselnde Ausstellungen gezeigt werden. Hier und im Durchgangsgebäude kann man im Museumsshop »einkaufen wie bei Hofe« (s. Shopping, S. 143).

Gleich hinter dem östlichen Eingang zum Schlosspark ist der **Neue Pavillon ❼** ein Meisterwerk Karl Friedrich Schinkels. Nach barockem Vorbild wurde das **Parterre ❽** errichtet, kunstvoll ornamentierte Beete direkt an der Gartenfront des Schlosses, ein Gartenkunstwerk ersten Ranges, das im Frühling und Sommer in schönster Blüte steht. Der weitläufige Landschaftsgarten, der im Osten und Norden bis an die Spree grenzt, schließt einen romantischen Karpfenteich und die kleine Luiseninsel ein. Sehenswert ist das **Belvedere** mit der **KPM-Porzellansammlung ❾**. Im **Mausoleum** für Königin Luise sind auch Kaiser Wilhelm I. und Kaiserin Augusta bestattet.

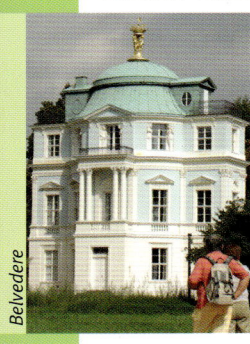

Man verlässt den Schlossgarten auf der Westseite, vorbei am Langhansbau, ursprünglich ein Theater.

In der großen **Orangerie** finden regelmäßig festliche Konzerte statt (Berliner Residenzkonzerte, www.konzerte-berlin.com). Die kleine Orangerie gegenüber lädt zur Kaffeepause (○) ein.

Touren im Anschluss: 28, 29

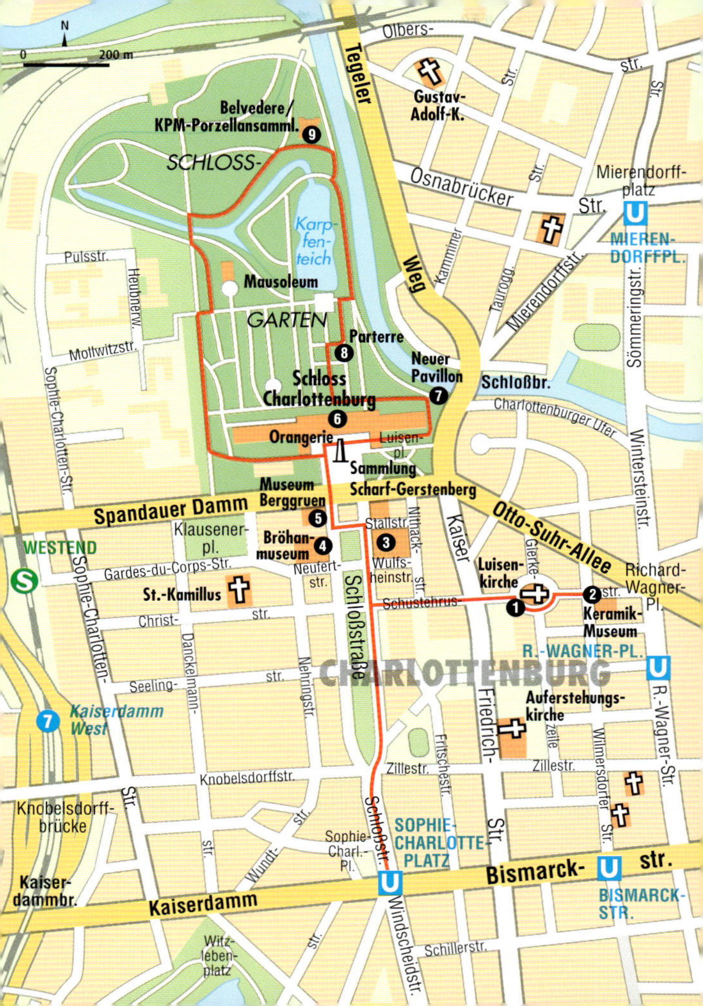

N
0
200 m
Olbers-
str.
Tegeler
Weg
Gustav-
Adolf-K.
Str.
Str.
Belvedere/
KPM-Porzellansamml.
9
SCHLOSS-
GARTEN
Karp-
fen-
teich
Osnabrücker
Str.
Str.
Mierendorff-
platz
MIERENDORFFPL.
Pulsstr.
Heubnerw.
Mausoleum
Kamminer
Taurogg.
Mierendorffstr.
Mollwitzstr.
Parterre
8
Neuer
Pavillon
7
Schloss
Charlottenburg
6
Schloßbr.
Charlottenburger Ufer
Sömmeringstr.
Sophie-Charlotten-Str.
Orangerie
Luisen-
pl.
Sammlung
Scharf-Gerstenberg
Museum
Berggruen
5
Spandauer Damm
Otto-Suhr-Allee
Wintersteinstr.
Klausener-
pl.
Stallstr.
Nithack-
str.
Kaiser
Friedrich-
Str.
WESTEND
Bröhan-
museum
4
3
Wulfs-
heinstr.
Gierke-
zeile
Luisen-
kirche
Richard-
Wagner-
Pl.
Gardes-du-Corps-Str.
Neufert-
str.
St.-Kamillus
Schloßstraße
Schustehrus-
str.
1
2
Keramik-
Museum
Christ-
str.
Sophie-Charlotten-
Str.
R.-WAGNER-PL.
CHARLOTTENBURG
Danckelmann-
str.
Nehringstr.
Seeling-
str.
Auferstehungs-
kirche
R.-Wagner-Str.
Kaiserdamm
West
7
Zillestr.
Zillestr.
Wilmersdorfer
Str.
Fritschestr.
Knobelsdorffstr.
Knobelsdorff-
brücke
Schloßstr.
str.
Wundt-
str.
Sophie-
Charl.-
Pl.
SOPHIE-
CHARLOTTE-
PLATZ
Bismarck-
str.
BISMARCK-
STR.
Kaiser-
dammbr.
Kaiserdamm
Windscheidstr.
Schillerstr.
str.
Witz-
leben-
platz

Tour 11

Mauerweg 1

mittel

Potsdamer-Platz → *Martin-Gropius-Bau → Checkpoint Charlie → Berlinische Galerie → *Jüdisches Museum Berlin → Mehringplatz → Willy-Brandt-Haus

Was blieb von der Berliner Mauer? Gedenkstelen, im Boden eingelassene Steine, die den Verlauf markieren, einzelne Mauersegmente, eine Fotodokumentation am Checkpoint Charlie und Museen, die direkt oder indirekt die Teilung der Stadt zum Thema haben.

Start: Ⓤ/Ⓢ Potsdamer Platz (S 1, 2, 25, U 2, Regionalbahn)
Ziel: Ⓤ Hallesches Tor (U 1)
Wann: bei schönem Wetter, Museen auch bei Regen

Wer vom Bahnhof nach oben kommt auf den von Hochhäusern umgebenen **Potsdamer Platz** – das neue Stadtviertel liegt im »alten« Westen –, kann sich nicht vorstellen, wie es vor 1990 hier ausgesehen hat: Brachland, über das Kaninchen hoppelten, dahinter die schwer bewachte Mauer und der Todesstreifen, davor auf der Westseite eine Aussichtsplattform, ein paar Souvenirbuden und das »letzte Haus am Potsdamer Platz«.

Am Bahnhofsausgang Ebertstraße geben Informationstafeln, von Mauersegmenten flankiert, Auskunft über den einstigen Grenzverlauf und zum Berliner Gedenkkonzept.

An der Stresemannstraße gegenüber dem U-Bahn-Eingang sind originale **Segmente der hinteren Sperrmauer ❶** erhalten, die in den Neubau des Bundesministeriums für Umwelt integriert werden. Eine doppelte Pflastersteinreihe markiert, soweit nicht durch neue Bebauung unterbrochen, den innerstädtischen Mauerverlauf, der Berlin auf 40 km teilte. Einzelne Stationen der »Geschichtsmeile Berliner Mauer« erläutern mit historischen Fotos Ereignisse, die sich am jeweiligen Standort zugetragen haben. Ecke Stresemann-/Niederkirchnerstraße knickte die Mauer nach Osten ab. Sie trennte hier das heutige **Abgeordnetenhaus** ❷, ehemals Preußischer Landtag und in der DDR ungenutzt, vom ***Martin-Gropius-Bau** ❸ auf der Westseite. Der Eingang zu diesem Prachtbau aus dem 19. Jh., der mit bedeutenden internationalen Ausstellungen aufwartet, befand sich zu Mauerzeiten auf der Südseite.

Die Gedenkstätte **Topografie des Terrors** ❹ dokumentiert auf dem Gelände des Reichssicherheitshauptamts und im Dokumentationszentrum den Terror des Nazi-Regimes. An der originalen Berliner Mauer davor sind Löcher zu sehen, die damalige Souvenirjäger, »Mauerspechte«, geschlagen haben.

Auf einem Stück Brachland an der Wilhelmstraße hat sich der **Hi-Flyer** etabliert. Hier kann man sich für spektakuläre Aussichten mit dem Fesselballon in die Luft erheben.

Die Zimmerstraße war ebenfalls eine geteilte Straße. Am **Checkpoint Charlie** ❺, dem ehemaligen Ausländerübergang in der Friedrichstraße, erinnert eine 300 m lange Galeriewand mit Bildern und Texten an den historischen Ort. Hier standen sich 1961 unmittelbar nach dem Mauerbau sowjetische und amerikanische Panzer in brisanter Situation gegenüber. Ein nachgebautes Kontrollhäuschen steht am einstigen Grenzübergang. Das **Museum Haus am Checkpoint Charlie** (tgl. bis

Checkpoint Charlie

21 Uhr) nebenan zeigt u. a. Objekte, mit deren Hilfe waghalsige Fluchtversuche gelungen sind.

An der **Rudi-Dutschke-Straße** (ehem. Kochstraße), im pulsierenden Zeitungsviertel der 1920er-Jahre haben heute die Tageszeitung taz (Nr. 18) und der Axel-Springer-Verlag ihren Sitz. In der Axel-Springer-Passage zwischen Rudi-Dutschke- und Zimmerstraße finden sich Bistro-Restaurants und eine schicke Bar. Mitten in einer ruhigen Wohngegend in der Alten Jacobstraße hat die **Berlinische Galerie ❻**, das Landesmuseum für Moderne Kunst, Fotografie und Architektur, eine ständige Bleibe in einem ehemaligen Glaslager gefunden; auch das ein West-Berliner Kuriosum: Es wurde gebunkert, was für Notzeiten hätte wichtig werden können, in diesem Falle Glas.

Jüdisches Museum

Verkehrsberuhigte Sträßchen stellen im Neubaublock die Verbindung zur Lindenstraße her und zum *****Jüdischen Museum ❼**. Stararchitekt Daniel Libeskind schuf das außergewöhnliche Gebäude, das mit dem Barockbau des ehemaligen Kammergerichts verbunden ist. Die Ausstellung ist ein spannender Streifzug durch 2000 Jahre jüdische Kultur in Deutschland. Die Franz-Klühs-Straße kreuzt die Friedrichstraße, die linker Hand am runden **Mehringplatz ❽** endet, und stößt dann auf die Wilhelmstraße.

An der Ecke Stresemannstraße sind das **Willy-Brandt-Haus ❾**, die SPD-Zentrale, und das **Hebbel-Theater ❿** aus den 1920er-Jahren sehenswert, das heute als »Hebbel am Ufer« experimentelles Theater präsentiert.

Tour im Anschluss: 12

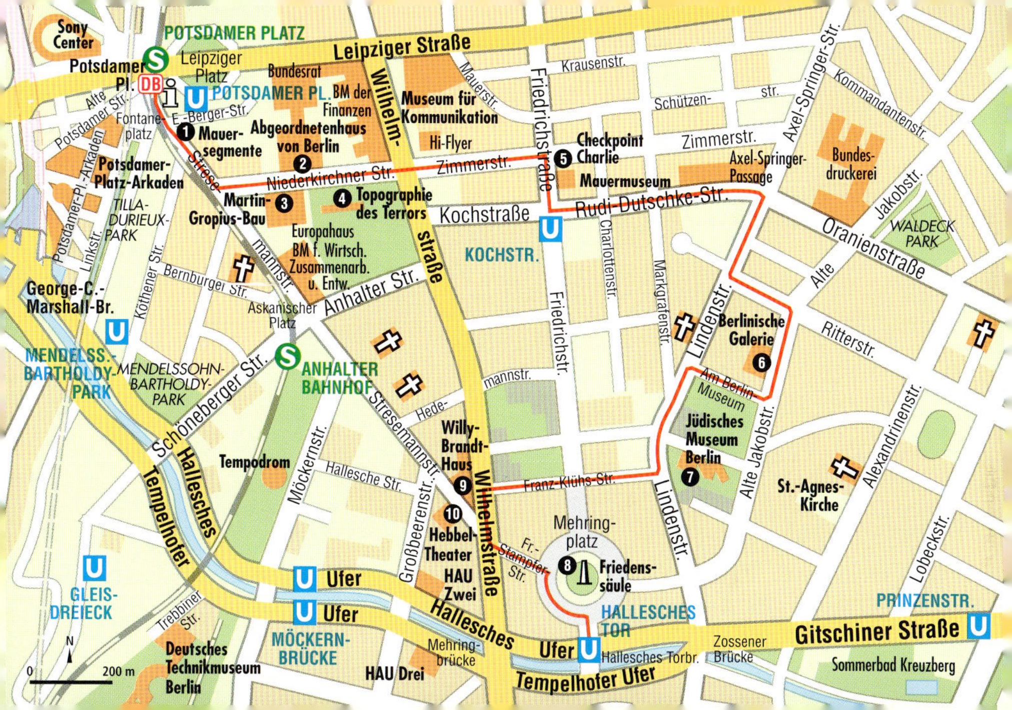

Sony Center
Potsdamer Pl.
POTSDAMER PLATZ
Leipziger Platz
Leipziger Straße
Bundesrat
POTSDAMER PL.
BM der Finanzen
Wilhelm-straße
Museum für Kommunikation
Mauerstr.
Krausenstr.
Friedrichstraße
Schützen-str.
Axel-Springer-Str.
Kommandantenstr.
Alte Potsdamer Str.
E.-Berger-Str.
Fontane-platz
1 Mauer-segmente
Abgeordnetenhaus von Berlin 2
Hi-Flyer
Zimmerstr.
5 Checkpoint Charlie
Axel-Springer-Passage
Bundes-druckerei
Potsdamer-Pl.-Arkaden
Potsdamer-Platz-Arkaden
Strese-mannstr.
Niederkirchner Str.
Mauermuseum
Martin-Gropius-Bau 3
4 Topographie des Terrors
Kochstraße
Rudi-Dutschke-Str.
Jakobstr.
TILLA-DURIEUX-PARK
Linkstr.
Europahaus
BM f. Wirtsch. Zusammenarb. u. Entw.
KOCHSTR.
Charlottenstr.
WALDECK PARK
Oranienstraße
Köthener Str.
Bernburger Str.
Anhalter Str.
Markgrafenstr.
George-C.-Marshall-Br.
Askanischer Platz
Alte
MENDELSS.-BARTHOLDY-PARK
MENDELSSOHN-BARTHOLDY-PARK
ANHALTER BAHNHOF
Friedrichstr.
Lindenstr.
Berlinische Galerie 6
Ritterstr.
Schöneberger Str.
Stresemannstr.
Hede-mannstr.
Am Berlin Museum
Jüdisches Museum Berlin 7
Willy-Brandt-Haus 9
Alte Jakobstr.
Alexandrinenstr.
Tempodrom
Möckernstr.
Hallesche Str.
Franz-Klühs-Str.
St.-Agnes-Kirche
Tempelhofer
Hallesches
Großbeerenstr.
10 Hebbel-Theater
Wilhelmstraße
Mehring-platz
Fr.-Stampfer-Str.
8 Friedens-säule
Lobeckstr.
HAU Zwei
GLEIS-DREIECK
Ufer
Ufer
Hallesches Ufer
HALLESCHES TOR
PRINZENSTR.
Trebbiner Str.
Deutsches Technikmuseum Berlin
MÖCKERN-BRÜCKE
Mehring-brücke
HAU Drei
Halleschs Torbr.
Zossener Brücke
Gitschiner Straße
Sommerbad Kreuzberg
Tempelhofer Ufer
N
0 200 m

Tour 12

Kreuzberger Nächte – auch bei Tag

mittel

Amerika-Gedenkbibliothek → Riehmers Hofgarten → Viktoriapark mit Nationaldenkmal → Platz der Luftbrücke → Chamissoplatz → Marheinekeplatz → Bergmannstraße

Bürgerliche Wohnkultur der Gründerzeit und quirlige Kiezatmosphäre, dazu eine alternative Kultur- und Kneipenszene sorgen für die typische Kreuzberger Mischung.

Start: ⓤ Hallesches Tor (U 1, 6)
Tipp: Wer zuvor das Deutsche Technikmuseum besichtigen möchte, steigt an der »Möckernbrücke« aus
Ziel: ⓤ Mehringdamm (U 6, 7)
Wann: Spaziergang bei gutem Wetter; abends Kneipenszene Bergmannstraße/Marheinekeplatz

Der U-Bahn-Ausgang Hallesches Tor befindet sich an der Brücke zwischen den Straßen Hallesches Ufer/Gitschiner Straße und Tempelhofer Ufer/Waterlooufer, die den Landwehrkanal begrenzen. Nördlich beginnt am Mehringplatz die Friedrichstraße (s. Tour 5), südlich liegt der Blücherplatz mit der **Amerika-Gedenkbibliothek ❶**. Die 1954 eröffnete Bibliothek war ein Geschenk der USA als Symbol für Bildungs- und Meinungsfreiheit in West-Berlin. Blücherplatz und Blücherstraße sind jedes Jahr zu Pfingsten Schauplatz eines multikulturellen Straßenfestes, das den Karneval der Kulturen, Berlins größte und bunteste Straßenparade, begleitet. Über Blücherstraße und Mehringdamm erreicht man den Eingang zu den **Friedhöfen am Halle-**

schen Tor ❷, u. a. mit den Grabstätten von Felix Mendelssohn-Bartholdy, E. T. A. Hoffmann und Adalbert Chamisso.

Burgenähnlich erhebt sich auf der gegenüberliegenden Straßenseite das **Finanzamt Kreuzberg.** 1853 als Kaserne für 500 Soldaten erbaut, bot es auch 700 Pferden auf dem weitläufigen Exerziergelände Platz. Ganz hinten im Hinterhof nutzt heute ein Autohaus mit Werkstatt die sorgfältig restaurierten historischen Stallungen.

Im Eckhaus an der Yorckstraße (Mehringdamm 32–34) residiert das **BKA,** das Berliner Kabarett-Anstalt-Theater. Vor der Imbissbude **Curry 36** im Erdgeschoss stehen Hungrige auch nachts Schlange für die angeblich beste Currywurst Berlins.

Curry 36

Weiter geht es rechts in die Yorckstraße und auf die andere Straßenseite, vorbei an der in die Häuserreihe integrierten Kirche St. Bonifatius. Neben den Yorck-Kinos gibt es einen Eingang in **Riehmers Hofgarten ❸**. Der großzügige Wohnkomplex von 1881 mit aufwändigen Stuckfassaden rahmt begrünte Innenhöfe. Wer Gründerzeitfeeling hautnah erleben will, mietet sich im **Hotel Riehmers Hofgarten** (s. Hotels, S. 131) ein, zu dem das Restaurant **e.t.a. hoffmann** (○○–○○○) gehört.

Ein Ausgang liegt an der Großbeerenstraße, die direkt auf den **Viktoria-Park** mit seinem rauschenden Wasserfall zuführt. Bei Einbruch der Dunkelheit und im Winter wird das Wasser abgestellt. Spazierwege winden sich hinauf zum 66 m hohen Gipfel des Kreuzbergs. Der wird bekrönt von Schinkels **Nationaldenkmal ❹**, von dessen Sockel man eine herrliche Rundumsicht auf die Stadt hat. Im Sommer ist der Biergarten Golgatha wichtige Station, sonst geht der Weg gleich ein Stück abwärts zur Methfesselstraße und diese wieder aufwärts zum **Viktoria Quartier.** Das schicke Wohnviertel integriert die historischen Bauten der ehemaligen Schultheiss-Brauerei.

Über die Dudenstraße gelangt man zum Platz der Luftbrücke vor dem ehemaligen Flughafen Tempelhof, der heute ein riesiger Park ist. Das **Luftbrückendenkmal ❺** erinnert an die Berlin-Blockade 1948/49, als der Westteil fast ein Jahr lang aus der Luft versorgt wurde.

Über Mehringdamm, Fidicin-, Kopisch- und Willibald-Alexis-Straße geht es zum fast idyllischen **Chamissoplatz ❻**. Die umgebenden Miethäuser wurden zum Musterbeispiel für ein gelungenes Sanierungsprojekt.

Lebhafter geht es rund um den **Marheinekeplatz ❼** zu. Hier, in der Zossener Straße und vor allem in der **Bergmannstraße** reihen sich Geschäfte mit Trödel und Antiquitäten, Boutiquen und Buchläden sowie Bars und Restaurants für lange Kreuzberger Nächte aneinander. Zwei Empfehlungen: der Comic-Laden **Grober Unfug** (s. Shopping, S. 141) und das orientalische Delikatessengeschäft **Knofi** (Bergmannstraße 98).

Knofi

In Gartenhaus am Mehringdamm 61 liegt das **Schwule Museum ❽** mit einer großen Kunstsammlung.

In der Gneisenaustraße 2 lohnt der Besuch des **Mehringhofs** mit seinen alternativen Projekten und dem Mehringhof-Theater für Kabarett-Gastspiele.

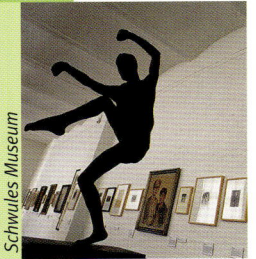

Schwules Museum

Tour im Anschluss: 11

Eisenbahn-
bundesamt
Hallesches
Tempelhofer
Ufer
Ufer
Großbeerenstr.
Hebbel-
Theater
HAU
Zwei
Wilhelmstraße
Mehring-
platz
Friedens-
säule
Lindenstr.
Jüdisches
Museum
HALLESCHES
TOR
Hall. Tor-
brücke
Hallesches
Ufer
Zossener
Brücke
MÖCKERN-
BRÜCKE
Mehring-
brücke
Tempelhofer Ufer
HAU Drei
96
Deutsches
Technik-
museum
Möckernstr.
Obentrautstr.
Amerika-
Gedenkbibl.
Str.
Blücherstr.
Blücher-
pl.
Blücherstr.
Wartenburgstr.
Großbeerenstr.
Finanzamt
Kreuzberg
FRIEDHÖFE AM
HALLESCHEN TOR
Zossener
Rathaus
Kreuzberg
Berliner
Kabarett
Anstalt
Mehringdamm
MEHRING-
DAMM
str.
Yorckstraße
Yorckstraße
Bonifatiuskirche
Gneisenaustraße
GNEISENAU-
STR.
macherstr.
Hagelberger
Str.
Riehmers
Hofgarten
Großbeerenstr.
Mehringhof
Theater
Schwules
Museum
Nostitzstr.
str.
Riemannstr.
Solms-
Zossener Str.
Grober
Unfug
Passionsk.
Möckern-
str.
Kreuzbergstr.
Bergmannstr.
Markthalle
Marheineke-
platz
Schleier-
Künstlicher
Wasserfall
VIKTORIA-
PARK
National-
denkmal
Methfesselstr.
Wilhelmshöhe
Mehringdamm
Am Tempelhofer
Berg
Arndtstr.
Chamisso-
platz
Willibald-Alexis-
Kopisch-
str.
Arndtstr.
Str.
DREI-
FALTIGK.-
KIRCHHOF
Golgatha
Biergarten
ehem. Schultheiss-
Brauerei
Victoria-Quartier
Kolping-
haus
Fidicinstr.
PLATZ DER
LUFTBRÜCKE
Friesenstr.
Jüterboger Str.
Schwiebusser Str.
Dudenstraße
Bundes-
kartellamt
Hauptzoll-
amt Süd
Columbia-
halle
Platz der
Luftbrücken-
denkmal
Finanzamt
Columbiadamm
Manfred-v.-Richthofen-Str.
Luftbrücke
Columbiahaus
Bayernring
Tempelhfr.
Damm
Polizei-
Präs.
Fundbüro
TEMPELHOFER
PARK
N
0
200 m

Tour **13**

SO 36 und ein Stück türkisches Berlin

Oranienstraße → Heinrichplatz → Kunstraum Kreuzberg/ Bethanien → Thomaskirche → Michaelkirche → Kottbusser Tor → Maybachufer

Studentisch, alternativ, rebellisch, türkisch, trendy: Die bunte Kreuzberger Mischung verbreitet vor allem im Sommer ein fast mediterranes Lebensgefühl. Auch Mauerspuren sind zu entdecken.

Start: Ⓤ Moritzplatz (U 8)
Ziel: Ⓤ Schönleinstraße (U 8); im Sommer auch Weiterfahrt mit dem Schiff möglich!
Wann: am schönsten im Sommer wochentags; Türkenmarkt Di und Fr 11–18.30 Uhr

Am Moritzplatz beginnt Richtung Südosten der lebhafte Teil der **Oranienstraße** und ein Stück türkisches Berlin. Die studentische und alternative Szene hat sich im ehemaligen Postbezirk »SO 36« ihre Nischen bewahrt. Und längst sind auch die Trendsetter in Kreuzberg angekommen. Im historischen Wirtshaus **Max und Moritz** (Oranienstr. 162, ○) wird immer noch berlinerisch-deftig gekocht, während die Tangoszene die alten Holzdielen als idealen Tanzboden entdeckt hat. Der **Oranienplatz** ❶ ist Treffpunkt für türkische Familien. Bis zum **Heinrichplatz** ❷ reihen sich links und rechts jede Menge Kneipen, Bars sowie Läden aller Art und vieler Nationalitäten aneinander, v. a. an der Kreuzung mit der Adalbertstraße. Der legendäre Club **SO 36** (Nr. 190) ist heute Bar, Lounge und Dancefloor. Gut gewürzte türkische Grillspezialitäten gibts bei **Hasir** (Adalbertstr. 10 und 12, beide ⭘), die auch türkischen Gästen schmecken. **Smyrna Kuruyemis** (Oranienstr. 24) hat Mokka, Tee, Nüsse und andere Knabbereien aus 1001 Nacht im Angebot. Originell sind die Bürsten und Korbwaren der **Imaginären Manufaktur der Blindenanstalt Berlin** (s. Shopping, S. 139). Neben der **Galerie der Neuen Gesellschaft für Bildende Kunst** (Nr. 25) sind diverse Buchläden zu finden. Im **Hanf Haus** (Nr. 192) gibt es Modisches, Accessoires, Kosmetik und Tee aus der verbotenen Pflanze. Die **Rote Harfe** (⭘⭘) am Heinrichplatz, einst Treffpunkt für linke Biertrinker, serviert heute u. a. Edelfisch an Mangosauce.

Bethanien ❸ am Mariannenplatz, einst ein Krankenhaus, in dessen Apotheke Theodor Fontane wirkte, wurde in den 1970er-Jahren besetzt und hat seither eine bewegte alternative Geschichte. Heute ist es als Kunstraum Kreuzberg ein internationaler Produktions- und Begegnungsort für junge Künstler.

Die **Thomaskirche** ❹ grenzte unmittelbar an die Berliner Mauer, die nach links dem Bogen des Bethaniendamms folgte. Hier verlief bis 1926 der Luisenstädtische Kanal, der die Spree mit dem Landwehrkanal verband. Die **Michaelkirche** ❺ ist teilweise Kriegsruine geblieben.

Thomaskirche

Das **Engelbecken** ❻ wurde 1946 mit Kriegsschutt aufgefüllt, 1961 verschwand die Anlage hinter der Mauer. Inzwischen ist nicht nur am Legiendamm der ehemalige Todesstreifen mit Neubaublocks bebaut, auch ein Teil der Grünanlage südlich des wieder mit Wasser gefüllten Engelbeckens ist restauriert. Das »Café am Engelbecken« lädt zur Pause, der

Rosengarten zum Flanieren ein. An der Ecke Waldemarstraße/Leuchnerdamm finden Sie die **Henne,** eines der berühmtesten Gasthäuser Berlins (s. Restaurants, S. 134).

Die Mauer verlief unmittelbar neben der Waldemarstraße. In westliche Richtung hatte sie die Dresdener Straße unterbrochen und die Sebastianstraße der Länge nach geteilt: die West-Bewohner hatten die Mauer vor der Haustür. An der **Heinrich-Heine-Straße** befand sich ein wichtiger Grenzübergang für den Warenverkehr. Hier endet der kurze Spaziergang.

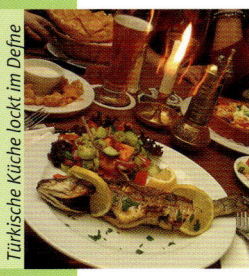

Türkische Küche lockt im Defne

Die längere Tour folgt der Dresdener Straße über den Oranienplatz hinweg zum Kottbusser Tor (U-Bahn) und noch weiter über die Kottbusser Straße bis zum **Landwehrkanal.** An den Ufern ist vor allem an Sommerabenden viel los. Die guten Plätze in den Vorgärten vieler Restaurants sind dann schnell belegt. Die Auswahl reicht vom Edelrestaurant **Horvath** (Paul-Lincke-Ufer) bis zum griechischen Lokal **Defne** (Planufer) auf einem ausrangierten Kutter (beide s. Restaurants, S. 134/135). Viele junge Leute lassen aber auch auf Brücken und an der Böschung die Beine und die Seele baumeln.

Türkenmarkt

Am Maybachufer findet dienstags und freitags ein **Türkenmarkt** ❼ mit vielen frischen Produkten statt. Dann wird Kreuzberg zu Klein-Istanbul. Die Reederei Riedel startet von hier zu lohnenden Schiffstouren (10.30, 14.30 Uhr).

Tour im Anschluss: 14

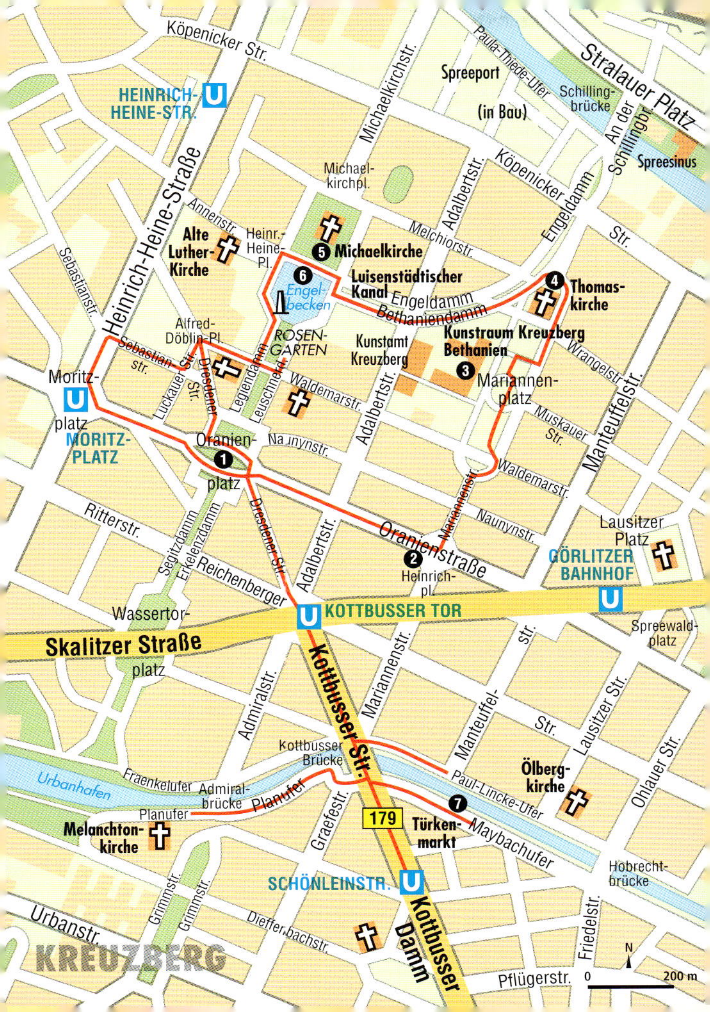

Köpenicker Str.
HEINRICH-HEINE-STR.
Michaelkirchstr.
Spreeport
(in Bau)
Paula-Thiede-Ufer
Stralauer Platz
Schillingbrücke
An der Schillingbr.
Spreesinus
Heinrich-Heine-Straße
Michael-kirchpl.
Adalbertstr.
Köpenicker Str.
Engeldamm
Annenstr.
Alte Luther-Kirche
Heinr.-Heine-Pl.
5 Michaelkirche
Melchiorstr.
Sebastianstr.
6 Engelbecken
Luisenstädtischer Kanal
Engeldamm
Bethaniendamm
4 Thomaskirche
Alfred-Döblin-Pl.
ROSEN-GARTEN
Kunstamt Kreuzberg
Kunstraum Kreuzberg Bethanien
3
Wrangelstr.
Sebastianstr.
Luckauer Str.
Dresdener Str.
Legiendamm
Leuschnerd.
Waldemarstr.
Adalbertstr.
Mariannenplatz
Muskauer Str.
Manteuffelstr.
Moritzplatz
MORITZ-PLATZ
Oranienplatz
1
Naunynstr.
Waldemarstr.
Ritterstr.
Segitzdamm
Erkelenzdamm
Dresdener Str.
Adalbertstr.
Mariannenstr.
Naunynstr.
Oranienstraße
2 Heinrich-pl.
Lausitzer Platz
GÖRLITZER BAHNHOF
Reichenberger Str.
Wassertorplatz
KOTTBUSSER TOR
Skalitzer Straße
Spreewaldplatz
Admiralstr.
Kottbusser Str.
Mariannenstr.
Manteuffelstr.
Lausitzer Str.
Ohlauer Str.
Kottbusser Brücke
Urbanhafen
Fraenkelufer
Admiralbrücke
Planufer
Paul-Lincke-Ufer
Ölbergkirche
7
Planufer
Melanchtonkirche
Graefestr.
179
Türkenmarkt
Maybachufer
SCHÖNLEINSTR.
Hobrechtbrücke
Urbanstr.
Grimmstr.
Dieffenbachstr.
Kottbusser Damm
Friedelstr.
KREUZBERG
Pflügerstr.
N
0
200 m

Tour 14

West-Ost-Szene: Kreuzberg und Friedrichshain

lang

Schlesisches Tor → Schlesische Straße → Oberbaumbrücke → Warschauer Straße → Frankfurter Allee → Karl-Marx-Allee

Die Tour beginnt im äußersten Osten Kreuzbergs und endet im Szeneviertel Friedrichshain. Die Verbindung über die Spree stellt die 110 Jahre alte Oberbaumbrücke her.

Start: Ⓤ Schlesisches Tor (U 1)
Ziel: Ⓤ Samariterstraße/Frankfurter Tor/ Weberwiese (U 5)
Wann: jederzeit, am schönsten an einem Sommerabend

Ob in Kreuzberg (West) oder in Friedrichshain (Ost): Hier wie da tobt das junge Nachtleben, gibt es Bars, Restaurants und Kneipen in Fülle, daneben Kultureinrichtungen und überraschend lauschige Plätze.

Wer von der Hochbahn am Schlesischen Tor herunterkommt, sieht gegenüber, auf der Mittelinsel, eine architektonisch schmucke Berliner Besonderheit in grün gestrichener Eisenkonstruktion: Das **Cafe Achteck** ❶ diente früher allgemein dringenden Bedürfnissen und ist noch vielerorts als Denkmal erhalten. In dieses Exemplar ist eine Imbissbude eingezogen.

Der Spaziergang beginnt im Wrangel-Kiez und macht zwischen Oppelner, Wrangel-, Cuvry- und Schlesischer Straße mit der multikulturellen Berliner Mischung bekannt. Türkisches Essen im Restaurant **Bagdad** (s. Restaurants, S. 132), Pizza und

Eis à l'italiana bei **Aldemir** (Falckensteinstr. 7), afrikanischer und libanesischer Imbiss, vietnamesischer Verein, asiatische Kräuter, Second Hand-Läden. Dazu passt durchaus die mächtige **Marienkirche ❷**, die 1905 im neoromanischen Stil erbaut wurde. In der Cuvrystraße beginnen die »Menschenlandschaften«, eine Reihe von Skulpturen, die ihre Fortsetzung zwischen Schlesischer Straße und Gröbenufer findet. Schon 1987 setzten sich verschiedene Künstler mit dem Thema Einwanderung und Kreuzberg auseinander.

Folgt man der Schlesischen Straße nach rechts, landet man bald an Resten der Grenzsperranlagen mit Brachfläche und einem **Originalwachturm ❸**. Auf der gegenüberliegenden Seite breitet sich ein ehemaliges Industriegelände aus. Von hier ist es nicht weit zur **Arena ❹** und dem Badeschiff (s. Tour 20, S. 140). Am Flutgraben und am Schleusenufer liegen idyllisch Kneipenschiffe verankert, Liegestuhl inklusive (Freischwimmer, Club der Visionäre). Etwas versteckt ist der zauberhafte Biergarten von Heinz Minki (s. Restaurants, S. 134). Zurück geht es über die Schlesische Straße, rechts in die Falckensteinstraße – hier hat der Club **Watergate** den besten Blick auf Wasser und Tor – und weiter über die **Oberbaumbrücke ❺**. Das imposante Bauwerk in märkischer Backsteingotik wurde 1896 eröffnet, 1961 zum Grenzsperrgebiet und nach 1990 restauriert. Nun rumpelt die U-Bahn wieder bis zur Warschauer Straße.

Oberbaumbrücke

Von der Brückenmitte eröffnet sich links, Richtung Nordwesten, ein schönes Panorama vom Zentrum mit dem Fernsehturm zur Orientierung. Im Osten steigt der höchste Büroturm Berlins, die **Treptowers**, in die Höhe, und aus dem Wasser der Spree

Molecule Man

East Side Gallery

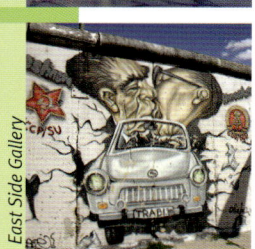

erhebt sich, 30 m hoch, der **Molecule Man** von Jonathan Borofsky (1997), eine Aluminium-Skulptur aus drei Figuren, die je nach Blickwinkel zu einer einzigen werden. Die großen Speichergebäude an den Spreeufern sind Teil des umstrittenen neuen Stadtquartiers Mediaspree.

Am Ende der Brücke nach links in den Mühlendamm erreicht man die **East Side Gallery** ❻, ein 1,3 km langes Stück der Hinterlandmauer, die nach der Wende von internationalen Künstlern bemalt wurde.

Die **Warschauer Brücke** überspannt ein großes Bahngelände. Es grenzt mit dem ehemaligen **Reichsbahnausbesserungswerk (RAW)** ❼ an die Revaler Straße. Das RAW bietet reichlich Platz für Kultur, Freizeit und soziale Projekte.

Die Simon-Dach-Straße ist die Ausgehmeile in Friedrichshain mit Happy Hour oft bis spät in die Nacht. Zum Kiez gehört der **Boxhagener Platz** ❽. Der »Boxi« ist eine grüne Oase im Häusermeer. Durch die Mainzer Straße, Zentrum der Ost-Berliner Hausbesetzungen der frühen 1990er-Jahre, erreicht man die Frankfurter Allee (U-Bahn Samariterstraße).

Am **Frankfurter Tor** ❾ (Richtung Mitte) beginnt die **Karl-Marx-Allee,** Deutschlands längstes Baudenkmal (1500 m) mit Häusern im sozialistischen Zuckerbäckerstil.

Tour im Anschluss: 17 (mit Tram 10 zum Start)

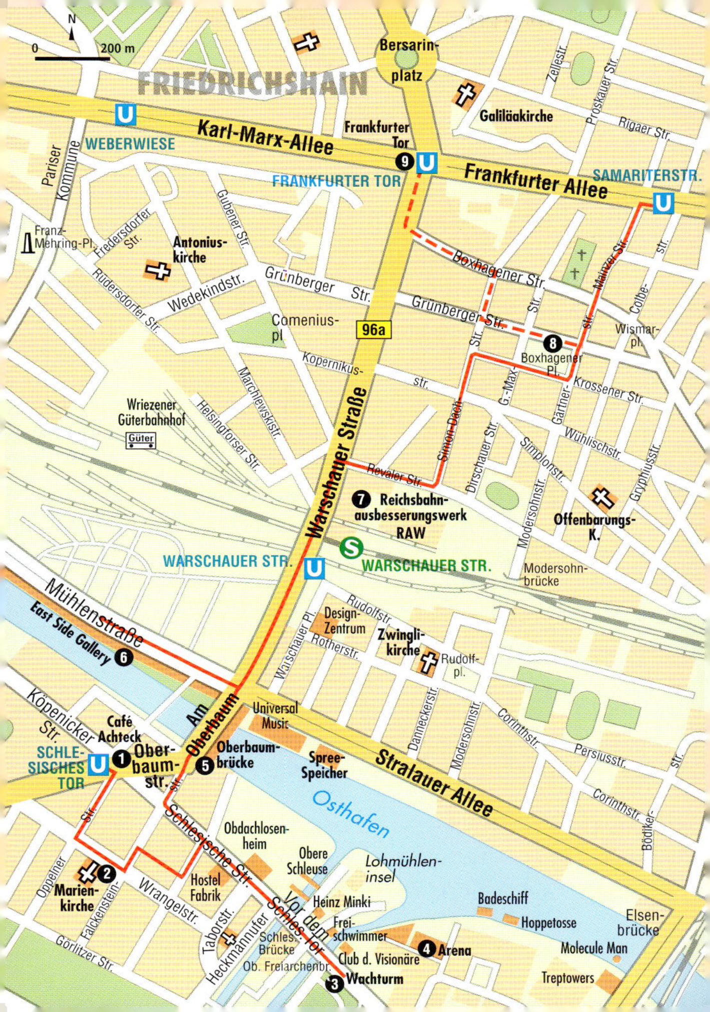

N
0
200 m
FRIEDRICHSHAIN
Bersarin-platz
Galiläakirche
Karl-Marx-Allee
Frankfurter Tor
9
Frankfurter Allee
WEBERWIESE
FRANKFURTER TOR
SAMARITERSTR.
Pariser
Kommune
Franz-Mehring-Pl.
Fredersdorfer Str.
Antonius-kirche
Gubener Str.
Rüdersdorfer Str.
Wedekindstr.
Grünberger Str.
Boxhagener Str.
Comenius-pl.
96a
Kopernikus-str.
Boxhagener Pl.
8
Wismar-pl.
Krossener Str.
Mainzer Str.
Colbe-str.
Wriezener Güterbahnhof
Güter
Marchlewskistr.
Helsingforser Str.
Warschauer Straße
Revaler Str.
Simon-Dach-Str.
G.-Max-Str.
Gärtner-str.
Wühlischstr.
Simplonstr.
Dirschauer Str.
Modersohnstr.
Gryphiusstr.
7
Reichsbahn-ausbesserungswerk RAW
Offenbarungs-K.
WARSCHAUER STR.
WARSCHAUER STR.
Modersohn-brücke
Mühlenstraße
East Side Gallery
6
Design-Zentrum
Rudolfstr.
Rotherstr.
Warschauer Pl.
Zwingli-kirche
Rudolf-pl.
Danneckerstr.
Modersohnstr.
Corinthstr.
Persiusstr.
Corinthstr.
Bödiker-str.
Köpenicker Str.
Café Achteck
1
Ober-baum-str.
Am Oberbaum
5
Oberbaum-brücke
Universal Music
Spree-Speicher
Stralauer Allee
SCHLE-SISCHES TOR
Osthafen
Obdachlosen-heim
Obere Schleuse
Lohmühlen-insel
2
Marien-kirche
Oppelner Str.
Falckenstein-str.
Wrangelstr.
Hostel Fabrik
Schlesische Str.
Heinz Minki
Vor dem Schles. Tor
Frei-schwimmer
Badeschiff
Hoppetosse
Elsen-brücke
Molecule Man
4
Arena
Club d. Visionäre
Taborstr.
Heckmannufer
Schles. Brücke
Ob. Freiarchenbr.
3
Wachturm
Treptowers
Görlitzer Str.

Tour 15

Treptower Park

Uferpromenade → Gasthaus Zenner → Insel der Jugend → Archenhold-Sternwarte → Sowjetisches Ehrenmal → Treptowers → Arena/mit Badeschiff

mittel

Der schöne Spaziergang vereint Erholung in Park und am Wasser mit historischen Einsichten und Ausblicken in »astronomische Fernen«.

Start: Ⓢ Treptower Park (S 8, 9, 41, 42)
Ziel: Ⓢ Treptower Park oder Bus 265
(zur Ⓤ Schlesisches Tor)
Tipp: von der Anlegestelle nahe Ⓢ mit dem Schiff weiter nach Köpenick
Wann: am besten an einem sonnigen Wochenende

Die **Allianz Treptowers** ❶ mit dem höchsten Büroturm Berlins sind überragender Orientierungspunkt am nördlichen Ende des Treptower Parks, der von der breiten und verkehrsreichen Puschkin-Allee durchschnitten wird. Doch zwischen Rosengarten und Spree lässt es sich auf der Uferpromenade unter alten Platanen an warmen Tagen angenehm flanieren, obwohl (oder weil) dann ganz bestimmt halb Berlin mit Hund, Kind und Kegel unterwegs ist. Auch für Radfahrer und Skater ist der Treptower Park ein äußerst beliebtes Revier.

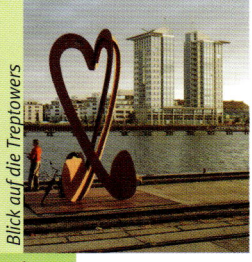

Blick auf die Treptowers

Viele Ausflügler haben den **Treptower Hafen** ❷ zum Ziel, die Hauptanlegestelle der Stern- und Kreisschifffahrt. Andere lassen sich auf den Wiesen zum Sonnenbad oder Picknick nieder, und wieder andere zieht die Ausflugsgaststätte **Gasthaus Zenner** ❸ (○–○○) magnetisch an. Vor allem sonntags geht es in Berlins größtem Biergarten an der Spree rund, wenn eine Jazzband schon zum Brunch (10–14 Uhr) einheizt und zum Tanz animiert. Aber auch mittags, zu Kaffee und Kuchen oder am Abend ist bei Zenner Musike – live oder von DJs eingespielt: Vom Oldie bis zu Country und Western oder Berliner Schlagern wird alles geboten, was das überwiegend gesetzte Publikum wünscht. Das Zenner am Spreeufer wurde 1822 vom Schinkel-Schüler Langhans d. J. im klassizistischen Stil errichtet. Die Inneneinrichtung stammt aus den 1950er-Jahren. Das Musikrestaurant wird von der traditionellen (West-)Berliner Eierschale betrieben. Wem die Gastronomie zu berlinisch-deftig ist, kann sich bei Burger King im selben Haus einen Hamburger holen.

Von der Terrasse reicht der Blick hinüber zur **Halbinsel Stralau** und auf den schiefen Turm der Dorfkirche Stralau. Ein ganz besonderes Volksfest zu Lande und zu Wasser ist der Stralauer Fischzug am 24. August. Der einstige Spreetunnel zwischen Treptow und Stralau wurde in den 1960er-Jahren zugeschüttet. Eine stählerne Bogenbrücke führt auf die **Insel der Jugend** ❹. Hier sorgt der Jugendclub »Insel« für ein vielseitiges kulturelles Programm.

Bogenbrücke

Der größere Teil des Treptower Parks liegt südwestlich der Puschkin-Allee. Der Volkspark Treptow, die drittgrößte Parkanlage Berlins, wurde 1876–87 von Gustav Meyer mit Spielwiesen und einem Karpfenteich angelegt, 1896 auf kaiserlichen Befehl für die Berliner Gewerbeausstellung umgestaltet und anschließend teilweise wieder in den ursprünglichen Zustand versetzt. Aus jener Zeit stammt die **Archenhold-Sternwarte ❺**. Das ursprüngliche Holzhaus brannte ab und wurde 1909 durch den jetzigen Bau ersetzt. Die Sternwarte beherbergt ein Himmelskundliches Museum und besitzt auf dem Dach das mit 21 m längste Linsenfernrohr der Welt. Das 110 Jahre alte technische Meisterwerk steht unter Denkmalschutz, wird aber zu verschiedenen Veranstaltungen in Betrieb gesetzt (www.astw.de).

Badeschiff

In der Mitte des Parks, wo Gustav Meyer eine ovale Spiel- und Sportwiese geschaffen hatte, ließ die sowjetische Besatzungsmacht 1946–49 das monumentale **Sowjetische Ehrenmal ❻** als Gedenkstätte für über 5000 gefallene Soldaten im Zweiten Weltkrieg errichten.

Verschiedene Wege durchziehen den Park. Die Tour führt wieder zu den **Allianz Treptowers ❶**. Die riesige Skulptur »Molecule Man« von Jonathan Borofsky in der Spree (s. Tour 15, S. 64) gehört zur Kunstsammlung des Versicherungsunternehmens, das im Hauptgebäude wechselnde Ausstellungen zeigt (wochentags geöffnet).

Ein Fußweg entlang der Spree führt zur **Arena ❼**, einem wichtigen Veranstaltungsort für Theater, Konzerte und mehr, sowie zum dazugehörigen Badeschiff in der Spree. Daneben liegt die **Hoppetosse** vor Anker, ein Restaurant- und Partyschiff, auf dem man genüsslich den Sonnenuntergang erleben kann (○).

Touren im Anschluss: 19, 14

Lohmühlen-insel
Badeschiff
Osthafen
Hoppetosse
Kunst-fabrik am Flutgraben
7 Arena
Molecule Man
Allianz Treptowers 1
An den Treptowers
Elsen-brücke
Kynaststr.
Hoffmannstr.
Puschkin-allee
Kulturzentr. "Parkhaus"
TREPTOWER PARK
2 Treptower Hafen
Palmenkernzeile
Karl Marx Denkmal
Alt Stralau
STRALAU
Rummels-burger See
Hauptstr.
Spree
Elsenstraße
Am Treptower Park
Elsenstr.
96a
ROSEN-GARTEN
Dorfkirche Stralau
Tunnelstr.
Puschkinallee
TREPTOWER PARK
Bekenntnisk.
(in Planung)
Kiefholzstr.
Stuckstr.
Pl. am Spree-tunnel
Gasthaus Zenner 3
Insel der Jugend 4
Liebes-Insel
6 Sowjetisches Ehrenmal
Archenhold-Sternwarte 5
Alt Treptow
TREPTOW
N
0 200 m

Tour 16

Mauerweg 2

mittel

Nordbahnhof → Bernauer Straße mit Gedenkstätte Berliner Mauer → Mauerpark → Gleimtunnel → Ⓢ Gesundbrunnen

In der Bernauer Straße liegt Berlins offizielle Mauergedenkstätte mit Erinnerungsstationen und Resten der Grenzanlagen. Der Weg folgt im Wesentlichen dem einstigen Mauerverlauf.

Start: Ⓢ Nordbahnhof (S 1, 2, 25, Tram M 10)
Ziel: Ⓤ/Ⓢ Gesundbrunnen (U 8, S 1, 2, 25, 41, 42)
Wann: bei trockenem Wetter; Dokumentationszentrum Mo geschl.; So Flohmarkt und Karaoke im Mauerpark

Ein kleines Bahnhofsgebäude an der Kreuzung breiter Straßen und rundum spärliche Bebauung: Vor dem Bahnhof endet die Straßenbahnlinie M 10, schräg gegenüber reihen sich moderne gleichförmige Bürobauten der Deutschen Bahn aneinander, dazwischen breitet sich der »Park auf dem Nordbahnhof« aus. Der **Sportplatz ❶** mit öffentlicher Beach-Bar liegt auf dem ehemaligen Todesstreifen, der ursprünglich Bahngelände war. Teile der Grenzanlagen und Mauerreste sind erhalten. Auch die Bahnhofsmauer entlang der Gartenstraße war in die Grenzsperrung mit einbezogen. An der Kreuzung Garten-/Bernauer Straße war die westliche Welt zu Ende. Der Nordbahnhof dahinter war einer

Im Mauerpark

jener Geisterbahnhöfe, an denen U- oder S-Bahnen ohne Halt durchfuhren.

Bilder aus der **Bernauer Straße** gingen um die Welt: 1961 sprangen Bewohner der zum Ostteil gehörenden Häuserzeile aus den oberen Fenstern, während die unteren bereits zugemauert wurden. Später wurden die Häuser abgerissen, um Platz für die Sperranlagen zu haben. Als 1989 endlich die Mauer fiel, sollte sie auch schnell aus dem Stadtbild verschwinden. Inzwischen versuchen Erinnerungsstationen die Schrecken der Teilung wieder anschaulich zu vermitteln.

In der Bernauer Straße entstand ein Gedenkensemble, das weiter ausgebaut werden soll. Die **Gedenkstätte Berliner Mauer ❷** ist ein abstraktes, kontrovers diskutiertes Kunstwerk, das die originalen Sperranlagen integriert. Das **Dokumentationszentrum Berliner Mauer ❸** ergänzt eine Dauerausstellung über »Berlin, 13. August 1961« mit Dokumenten, Fotos, Filmen, Hör- und Lesestationen sowie einem Aussichtsturm mit Blick auf die erhaltenen Sperranlagen. Die **Kapelle der Versöhnung ❹** aus gestampftem Lehm steht an der Stelle, an der 1985 die unzugängliche Versöhnungskirche gesprengt wurde.

Im weiteren Verlauf der Bernauer Straße markieren vier Tafeln der so genannten **Geschichtsmeile Berliner Mauer** Orte, an denen Fluchtversuche misslungen oder geglückt sind, so die spektakulären Tunnelfluchten an der Bernauer/Strelitzer Straße und an der Hausnummer 78. An der Ruppiner Straße wagte ein DDR-Grenzposten die Flucht über den Stacheldraht und warf im Sprung sein Gewehr weg. Sein Foto ist weltberühmt geworden.

Kapelle der Versöhnung

An der Schwedter und Eberswalder Straße knickte die Mauer nach Norden ab. Auf dem ehemaligen Todesstreifen zwischen vorderer und hinterer Mauer erstreckt sich der **Mauerpark** ❺ bis zur Gleimstraße. Sonntags findet hier ein viel besuchter Flohmarkt statt; ab dem frühen Nachmittag kann sich jeder bei Karaoke versuchen. Östlich an der Böschung ist ein Teilstück der Hinterlandmauer erhalten: Die massiven Schaukeln auf der Höhe erlauben ungewöhnliche Ausblicke; sie gehören zu den diversen Freizeiteinrichtungen. Sportstätten schließen sich an. Die neue Max-Schmeling-Halle für Großveranstaltungen ist Heimstatt des Basketball-Bundesligisten Alba Berlin. Der Gleimtunnel unter dem Bahngelände war bis 1990 gesperrt. Er ist eine von vier Straßenverbindungen zwischen Prenzlauer Berg und Wedding. Rechts führt die Graunstraße zur **Swinemünder Brücke,** die in manch einem Agententhriller die Glienicker Brücke doubelte.

An der Brunnenstraße liegt der **Volkspark Humboldthain** ❻; die 85 m hohe Humboldthöhe, aus Kriegsschutt aufgeschichtet, kam nach 1945 hinzu.

Der Regional- und Fernbahnhof **Gesundbrunnen** ist wichtiger Verkehrsknotenpunkt. Oben thront ein gigantisches modernes Einkaufszentrum, unter den Bahngleisen vermittelt das **Berliner Unterwelten-Museum** Stadtgeschichte aus ungewöhnlicher Perspektive. Hier starten auch Führungen in den Berliner Untergrund durch Bunker und unterirdische Verkehrswege.

Tour im Anschluss: 17 (an der Gleimstraße nach rechts bis zur Stargarder Straße)

Im Mauerpark

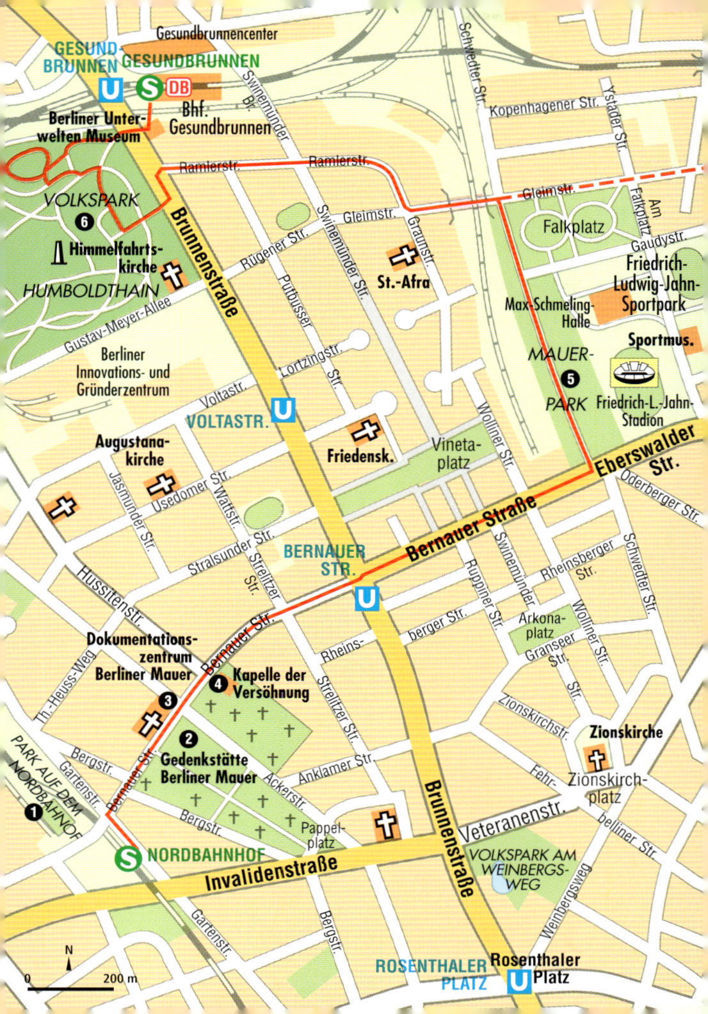
Gesundbrunnencenter
GESUND-
BRUNNEN
GESUNDBRUNNEN
DB
Bhf.
Gesundbrunnen
Berliner Unter-
welten Museum
Swinemünder
Str.
Schwedter Str.
Kopenhagener Str.
Ystader Str.
Ramlerstr.
Ramlerstr.
Gleimstr.
Gleimstr.
VOLKSPARK
6
Himmelfahrts-
kirche
HUMBOLDTHAIN
Brunnenstraße
Rügener Str.
Swinemünder Str.
Graunstr.
St.-Afra
Falkplatz
Falkplatz
Am
Gaudystr.
Friedrich-
Ludwig-Jahn-
Sportpark
Max-Schmeling-
Halle
Sportmus.
Gustav-Meyer-Allee
Putbusser
Str.
Lortzingstr.
Berliner
Innovations- und
Gründerzentrum
MAUER-
5
PARK
Friedrich-L.-Jahn-
Stadion
Voltastr.
VOLTASTR.
Wolliner Str.
Friedensk.
Vineta-
platz
Augustana-
kirche
Eberswalder
Str.
Oderberger Str.
Jasmunder Str.
Usedomer Str.
Wattstr.
Bernauer Straße
Stralsunder Str.
Strelitzer
Str.
BERNAUER
STR.
Hussitenstr.
Swinemünder
Ruppiner Str.
Rheinsberger
Str.
Schwedter Str.
Rheins-
berger Str.
Bernauer Str.
Dokumentations-
zentrum
Berliner Mauer
Th.-Heuss-Weg
3
4
Kapelle der
Versöhnung
Arkona-
platz
Granseer
Str.
Wolliner Str.
Str.
Strelitzer Str.
Zionskirchstr.
Zionskirche
PARK AUF DEM
NORDBAHNHOF
1
Bergstr.
Gartenstr.
Bernauer Str.
2
Gedenkstätte
Berliner Mauer
Ackerstr.
Anklamer Str.
Brunnenstraße
Fehr-
Zionskirch-
platz
bellliner Str.
Bergstr.
Pappel-
platz
Veteranenstr.
NORDBAHNHOF
Invalidenstraße
VOLKSPARK AM
WEINBERGS-
WEG
Weinbergsweg
Gartenstr.
Bergstr.
N
0
200 m
ROSENTHALER
PLATZ
Rosenthaler
Platz

Tour 17

Szenetreffpunkt Prenzlauer Berg

kurz

Schönhauser Allee → Helmholtzplatz → Kulturbrauerei → Kollwitzplatz → Wasserturm → Wörther Straße → Oderberger Straße → Kastanienallee

Prenzlauer Berg, der Szene- und Ausgehbezirk schlechthin, ist berühmt für sein Nachtleben und bei Touristen wie Partygängern gleichermaßen in. Daneben gibt es viel Kunst und Kultur. Diese lockere Atmosphäre schätzen auch Studenten, Künstler und junge Familien, die deswegen gerne hier leben.

Start: Ⓤ/Ⓢ Schönhauser Allee (U 2, S 8, 9, 41, 42)
Ziel: Ⓤ Eberswalder Straße (U 2)
Wann: am besten an einem lauen Sommerabend beginnen; auch tagsüber lohnend (Öko-Wochenmarkt am Kollwitzplatz Do 12–19 Uhr)

Prenzlauer Berg, Teil des Bezirks Pankow, grenzt unmittelbar nördlich an den Bezirk Mitte. Hier finden sich unzählige Kneipen, Bars, Clubs, Cafés und Restaurants, die im Sommer nahezu alle ihre Stühle auf die Straße stellen. Dann fühlt man sich hier fast wie in Italien.

Die **Schönhauser Allee,** über deren Mittelstreifen die U-Bahn als Hochbahn donnert, ist die Einkaufsmeile des Bezirks. Von der gleichnamigen U-/S-Bahn-Station kommend, biegen wir an der ersten Kreuzung links – von rechts mündet die Gleimstraße (s. Tour 11, S. 48) – in die Stargarder Straße ein. Schon sieht man die **Gethsemanekirche** ❶ aus märkischem Backstein, 1989 ein

Zentrum der DDR-Oppositionsbewegung, die zur friedlichen Revolution und zum Fall der Berliner Mauer führte.

Gegenüber, Stargarder Nr. 7, ist die **Die kleine Eiszeit** erste Verlockung. Beim Eisschlecken auf einer Bank an der Kirche schweift der Blick rundum zu den schön restaurierten Gründerzeitfassaden des einstigen Arbeiterviertels. Rechts in die Pappelallee geht es zu **Becketts Kopf** (Nr. 64), einer Edelbar (20–4 Uhr).

Beliebtester Treffpunkt für die Anwohner im Kiez ist der **Helmholtzplatz** ❷. Rundum finden sich Restaurants und Kneipen für jeden Geschmack, von Tex-Mex bei **Frida Kahlo** (Lychener Str. 37, ○○) bis zum kalifornisch inspiriertem Bar-Lounge-Restaurant **Die Drei** (Lychener Str. 39, ○). Südlich des Platzes ist das **Weinstein** (s. Restaurants, S. 137) ein vorzügliches Restaurant. Am östlichen Ende des Platzes blickt man auf das Eckhaus Raumer-/Dunckerstraße: Der Eckbalkon ganz oben war Schauplatz des Kino-Hits von 2006 »Sommer vorm Balkon«. Wer der Raumerstraße ein Stück nach Osten folgt, kann sich bei **Lustwandel** (s. Shopping, S. 143) erotische Anregungen holen.

Jenseits der breiten Danziger Straße liegt rechts die ***Kulturbrauerei** ❸. Auf dem großen Areal einer alten Brauerei wird viel geboten: Theater, Konzerte, Kino, Ausstellungen, Lesungen. Die Sammlung industrielle Gestaltung hofft auf Wiedereröffnung, der Museumsladen bietet unterdessen Design aus dem MANUFACTUM-Programm an. Im **Soda-**

Kleine Eiszeit

Kulturbrauerei

Restaurant (○○) mit Biergarten kann man u. a. gegrillte Heuschrecken probieren. Der **Frannz-Club** ist für seine Partys und Live-Musik berühmt; die Küche (○○) bleibt bis 4 Uhr morgens warm.

Am südlichen Ausgang folgt der Spaziergang der Sredskistraße nach links bis zur **Husemannstraße,** die noch zu DDR-Zeiten erste Restaurierungen erlebte. Längst ist die Mehrzahl der einst berüchtigten Mietskasernen im Bezirk saniert. Rund um den **Kollwitzplatz** ❹ (Öko-Wochenmarkt Do 12–19 Uhr) drängeln sich wieder die Bars und Restaurants. Beliebt und preisgünstig sind die Brunch-Bufetts am Wochenende, z. B. bei **Istoria** (Kollwitzstr. 64, ○).

Am Kollwitzplatz

Ecke Kollwitz-/Knaackstraße geht es nach links zum kleinen Park am **Wasserturm** ❺. Die älteste Wasserversorgungsanlage Berlins beherbergt heute Wohnungen; das unterirdische Gewölbe wird gelegentlich für kulturelle Veranstaltungen genutzt.

In der Belforter Straße liegt linker Hand das charmante Hotel **ackselhaus** (s. Hotels, S. 128).

Rechts geht es nun wieder zum Kollwitzplatz, danach zweimal links und durch die Wörther Straße bis zur Schönhauser Allee. Die echten Nachtschwärmer zieht es vermutlich magisch die Schönhauser Allee noch ein Stück nach Norden bis zur **Oderberger Straße.** An deren Kreuzung mit der **Kastanienallee** liegt ein wahres Bermudadreieck zum Absacken – entsprechend viel ist hier auch los. Hier hat sich auch der Flagshipstore Oderberger (s. Shopping, S. 140) angesiedelt.

Touren im Anschluss: 16, 4

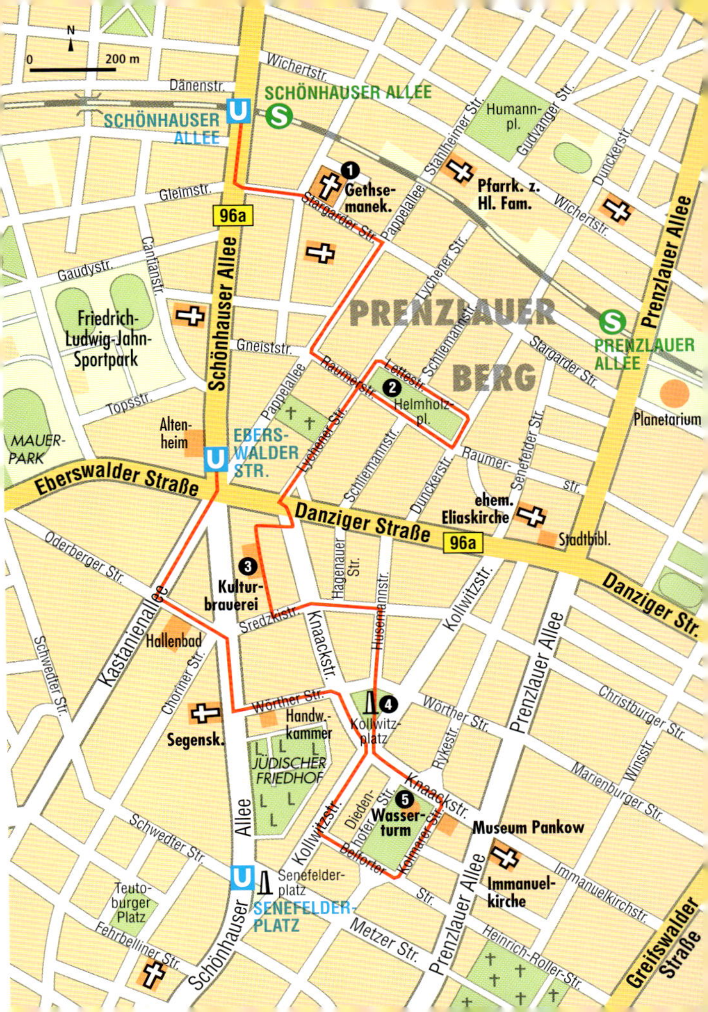

N
0
200 m
Wichertstr.
Dänenstr.
SCHÖNHAUSER ALLEE
SCHÖNHAUSER ALLEE
Humann-pl.
Gudvanger Str.
Stahlheimer Str.
Dunckerstr.
Gethsemanek.
Pfarrk. z. Hl. Fam.
Gleimstr.
96a
Stargarder Str.
Pappelallee
Wichertstr.
Prenzlauer Allee
Cantianstr.
Schönhauser Allee
Gaudystr.
Lychener Str.
Friedrich-Ludwig-Jahn-Sportpark
PRENZLAUER BERG
Schliemannstr.
PRENZLAUER ALLEE
Gneiststr.
Raumerstr.
Lettestr.
Stargarder Str.
Helmholz-pl.
Pappelallee
Topsstr.
Planetarium
Alten-heim
EBERSWALDER STR.
Lychener Str.
Schliemannstr.
Raumer-str.
Senefelder Str.
MAUERPARK
Dunckerstr.
ehem. Eliaskirche
Eberswalder Straße
Danziger Straße
96a
Stadtbibl.
Oderberger Str.
Hagenauer Str.
Kollwitzstr.
Danziger Str.
Kulturbrauerei
Husemannstr.
Sredzkistr.
Knaackstr.
Kastanienallee
Hallenbad
Choriner Str.
Prenzlauer Allee
Schwedter Str.
Christburger Str.
Wörther Str.
Wörther Str.
Segensk.
Handw.-kammer
Kollwitz-platz
Rykestr.
JÜDISCHER FRIEDHOF
Marienburger Str.
Winsstr.
Knaackstr.
Diedenhofer Str.
Wasserturm
Kolmarer Str.
Kollwitzstr.
Museum Pankow
Allee
Schwedter Str.
Belforter Str.
Immanuelkirche
Immanuelkirchstr.
Senefelderplatz
SENEFELDERPLATZ
Teutoburger Platz
Metzer Str.
Prenzlauer Allee
Heinrich-Roller-Str.
Greifswalder Straße
Fehrbelliner Str.
Schönhauser

Tour 18

Von Borsig zu Humboldt

mittel

*Borsig-Tor → Borsig-Turm → Feuerwehrmuseum → Alt-Tegel → Greenwich-Promenade → Tegeler Hafenbrücke → Schloss Tegel → Humboldt-Bibliothek → Alter Hafen

Der Tegeler See ist eines der beliebtesten Ausflugsziele im Norden Berlins; an seinen Ufern bieten sich viele Freizeitmöglichkeiten. Der Spaziergang beginnt mit einem herausragenden Beispiel Berliner Industriearchitektur und führt zum klassizistischen Schloss.

Start: ① Borsigwerke (U6)
Ziel: ① Alt-Tegel (U 6)
Wann: bei schönem Wetter jederzeit, Schloss Tegel nur an Sommermontagen zu besichtigen

Der nördliche U-Bahnausgang »Borsigwerke« liegt fast unmittelbar vor dem neugotischen, denkmalgeschützten ***Borsig-Tor ❶** an der Berliner Straße. Dahinter nahmen 1898 auf einem riesigen Gelände die Berliner Borsigwerke die Produktion von Lokomotiven auf, die in alle Welt exportiert wurden. Außerdem entstanden Dampfmaschinen, Kessel, Pumpen und Kälteanlagen. 1931 war es mit dem Familienbetrieb zu Ende. Doch bis 1992 blieb das Traditionsunternehmen – unter wechselnden Besitzern schrumpfend – auf dem Gelände ansässig. Heute sind auf dem Gewerbepark Am Borsigturm verschiedene Firmen vertreten (und verhindern den Durchgang zum eins-

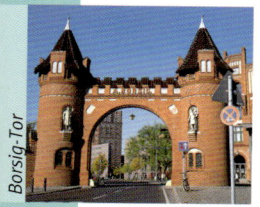

Borsig-Tor

tigen Borsighafen). Sie nutzen alte Gebäude oder erbauten neue im harmonierenden Backsteinstil. Markantes Original ist der 65 m hohe **Borsig-Turm ❷**, 1924 als erstes Hochhaus Berlins erbaut. Die Grundmauern einer freistehenden **Werkshalle ❸** unter einem Schutzdach lassen die gewaltigen Dimensionen erkennen. Eine **Ruine ❹** demonstriert den Verfall, während zwei östliche Hallen nach denkmalpflegerischer Restaurierung geschickt in das moderne Einkaufs- und Freizeitzentrum **Hallen am Borsig-Turm ❺** integriert wurden.

Borsig-Turm

An der Ecke Berliner Straße/Veitstraße gibt das **Feuerwehrmuseum ❻** Einblick in über 100 Jahre Entwicklung der Berliner Feuerwehr (Mo, Di, So 9–12, Mi 16–19 Uhr).

Die ruhige Treskowstraße führt nach **Alt-Tegel ❼**, dem einstigen Dorfzentrum. Durch die Fußgängerzone mit vielen Straßencafés und Eisläden erreicht man die **Greenwich-Promenade,** an der sich vor allem Sonntags die Ausflügler drängeln. Von hier starten zahlreiche Fahrgastschiffe zu kurzen oder langen Rundfahrten auf den Berliner Gewässern. Jogger folgen der Promenade bevorzugt nach links auf die idyllischen Wege am Borsigdamm, der den Borsig-Hafen begrenzt. Das Gros der Spaziergänger zieht es nordwestlich Richtung Großer Malchsee. Sie überqueren die 93 m lange **Tegeler Hafenbrücke,** die ihren volkstümlichen Namen Sechserbrücke dem ursprünglich erhobenen Brückenzoll verdankt.

Greenwich-Promenade

Dicke Marie

Unmittelbar hinter der Brücke wendet sich der Wald- und Uferweg nach links und führt vorbei an Bootshäusern und einem **Denkmal für Hannah Höch ❾** zum **Freizeitpark Tegel** und zur **Dicken Marie ❾**, dem mit 900 Jahren ältesten Baum Berlins. Von hier kann man die Wanderung durch den Tegeler Forst beliebig weit ausdehnen – unterwegs finden sich Badestellen und Ausflugslokale. Nun geht es in einem weitem Bogen über den Schwarzen Weg und die befahrene Karolinenstraße weiter, oder man kehrt auf dem gleichen Weg bis zur Gabrielenstraße zurück, in die man links einbiegt.

Vor einem Parkplatz an der Straße An der Mühle führt links die Adelheidallee direkt auf das strahlend weiße, 1824 von Schinkel umgestaltete **Schloss Tegel ❿** zu, das auch als Humboldtschlösschen bekannt ist. Allerdings sind Schloss und Schlosspark im Privatbesitz der Humboldterben und nur in den Sommermonaten montags mit Führung zugänglich. Viele Details sind im Originalzustand erhalten, darunter ein abgewetzter Ledersessel, auf dem einst Wilhelm von Humboldt saß. Vom Schloss aus erreicht man, vorbei an einer weiteren alten und überaus dicken Eiche, die Familiengrabstätte, in der neben Wilhelm auch Alexander von Humboldt bestattet wurde.

An Humboldt erinnert auch die **Humboldt-Mühle**, in der die Reha-Klinik Medical ParkBerlin schnelle Heilung verspricht. Ende der 1980er-Jahre entstand am **Alten Hafen** ein neues Stadtviertel mit Wohnungen und Spazierwegen, einer künstlichen Insel, der eindrucksvollen **Humboldt-Bibliothek ⓫** und einem Humboldt-Denkmal.

N
0 200 m
Heiligensee-
Berliner
Str.
Karolinenstr.
Forst
Schwarzer Weg
Humboldtgrab
10
Humboldtschloss
Dicke Marie
9
An der Malche
An der Mühle
Waldmannsluster
Nordgraben
Gabrielenstr.
Humboldt-bibliothek
11
Karolinen-steg
Wilhelm-steg
Alexander-steg
Tegeler Hafen
Großer Malchsee
Tegeler Hafenbrücke
8
Denkmal für Hannah Höch
Greenwich-promenade
Alt Tegel
7
Medebacher Weg
Bernstorfferstr.
ALT-TEGEL
Berliner Str.
Budde-pl.
TEGEL
Gorkistr.
Reiher-werder
Hasselwerder
Brunowstr.
Schlieperstr.
Veitstr.
Traskowstr.
Feuerwehr-museum
6
Hallen am Borsig-Turm
5
Ruine
4
Am Borsigturm
3
Borsig-Turm
2
Werkshalle
Borsig-Tor
1
BORSIG-WERKE
Ernststr.
Tegeler See
Borsigdamm
Borsigdamm-brücke
Borsighafen
TEGEL
Biedenkopfer Str.
Sterkrader Str.
Namslaustr.
Gänsewerder
Neheimer Str.
Bernauer Str.
Billerbecker Weg
Philippuskirche
Sendener Weg
Kamener Weg
Attendorner Weg
Mescheder Weg
111
E 26
FRIEDHOF AM FLIESSTAL
Waldmannsluster Damm / Hermsdorfer Damm
Buddestr.

Tour 19

Auf den Spuren des Hauptmanns von Köpenick

mittel

Rathaus → Schloss → Kunstgewerbemuseum → Kietz → Altstadt mit Heimatmuseum → Freiheit → Rathaus

Rundgang durch die Altstadt von Köpenick mit dem berühmten Rathaus zum Schloss auf der Schlossinsel (heute Kunstgewerbemuseum) und durch das mittelalterliche Fischerdorf »Kietz« zu Ausflugslokalen am Wasser.

Start: Rathaus Köpenick (ab Ⓢ Köpenick, S 3, mit Tram 68 bis Rathaus; ab Ⓢ Spindlersfeld, S 43, mit Tram 60 bis Schlossplatz)
Ziel: Ⓢ Köpenick
Wann: am schönsten im Sommer, Schloss Mo geschl.

Von wegen »jottwedeh« oder »janz weit draußen«, wie der Berliner sagt: 19 bis 24 Minuten braucht die S-Bahn vom Alexanderplatz zum S-Bahnhof Köpenick, und in weiteren sechs Minuten ist man mit der Tram am Rathaus! Berühmt wurde Köpenick durch ein dreistes Gaunerstück. 1906 war es, als der arbeitslose Schuster Wilhelm Voigt in die Uniform eines Hauptmanns schlüpfte, den Bürgermeister verhaften ließ, die Stadtkasse beschlagnahmte – und den Stoff lieferte für Theater, Film und die »Köpenickiade«, die als Straßentheater-Spektakel vor dem mächtigen Backsteinbau zu erleben ist (Mi, Sa 11 Uhr).

Der berühmte Hauptmann

Das Standbild des Hauptmanns vor dem **Rathaus** ❶ ist beliebtes Fotomotiv, im ehemaligen Tresorraum dokumentiert eine kleine Ausstellung das historische Ereignis. Das Treppenhaus ist ebenso sehenswert wie der Rathaus-Hof, der von Juli bis September zur Kulisse des Köpenicker Blues & Jazzfestivals wird. Einen Jazzbrunch gibt es an jedem Sonntag im Ratskeller (○).

Blues & Jazzfestival

Vor dem Rathaus nach links durch die Straße Alt-Köpenick erreicht man nach wenigen Schritten den **Schlossplatz** mit der kleinsten Brauerei Deutschlands – in einem Kiosk. Geradeaus führt eine Brücke auf die **Schlossinsel** ❷. In dem aufwändig sanierten *Barockschloss,** 1677–89 teilweise in den Dahme-Fluss gebaut, zeigt das Kunstgewerbemuseum u. a. komplette Raumausstattungen des 16.–18. Jhs. Höhepunkte sind der über und über mit Stuck dekorierte Wappensaal und das glanzvolle Silber-Buffet aus dem Brandenburisch-Preußischen Staatsschatz (Mo geschl.). In der Schlosskirche finden oft Konzerte statt. Nach dem Rundgang durch den kleinen Schlosspark kann man im idyllischen Schlosscafé (○) eine Pause einlegen.

Zurück am Schlossplatz, biegt rechts ein Fußweg zum **Frauentog** ab, einem Nebenarm der Dahme, benannt nach einem Fischzug der Fischersfrauen aus dem Kiez; am Solarpavillon werden Boote vermietet. Ein Denkmal erinnert an Mutter Lustig, die 1835 die erste Lohnwäscherei in Köpenick und damit einen wichtigen Wirtschaftszweig gründete – hier wurde lange Berlins schmutzige Wäsche gewaschen. Verlockend ist das **Gasthaus Kietz** (Müggelheimer Str. 1) mit schönen Terrassen am Wasser, gutem Kuchen und Kaffeespezialitäten (○).

Kietz ❸ heißt auch die nächste Straße (rechts). Ursprünglich bezeichnet das slawische Wort eine Fischersiedlung. Im Köpenicker Kietz sind einige der einstöckigen Fischerhäuser aus dem 18. Jh. erhalten und hübsch restauriert. Ein Stück geradeaus weiter in der Gartenstraße liegt ein Flussbad mit kleinem Sandstrand.

Heimatmuseum

Der Weg zurück führt durch die Gartenstraße und quer über die breite Müggelheimer Straße hinüber zum Alten Markt. In einem Fachwerkhaus von 1665 informiert das **Heimatmuseum ❹** über die Geschichte des Bezirks (Mo, Fr, Sa geschl.).

Zur Spree gelangt man am Ende der **Spindlergasse** (Restaurant, ○, und Bootsverleih) sowie am Ende des **Katzengrabens.** Hier überquert die Fußgängerbrücke Katzengrabensteig den Fluss. Mittendrin liegt die große **Baumgarteninsel,** zu der die glücklichen Kleingartenbesitzer (und nur diese) mit dem Ruderboot anreisen.

Wir kehren zurück auf die Freiheit, wie hier siedelnde Hugenotten ihre Straße nannten. **Freiheit Nr. 15** heißt vielsagend das Kulturzentrum mit Theater, Partylocation und hinter dem Durchgang zur Spree einem Gartenrestaurant (○) sowie dem **Veranstaltungsschiff Ars Vivendi.** Unter der Dammbrücke hindurch gelangt man am Dahmeufer, parallel zur Straße Alt-Köpenick, zum neu gestalteten **Luisenhain,** der sich bis zur Langen Brücke erstreckt. Von hier aus kann man auch eine Schiffstour anschließen oder mit der Tram zum S-Bahnhof Köpenick fahren (und für den Anschluss an Tour 20 nach Friedrichshagen).

Tour im Anschluss: 20

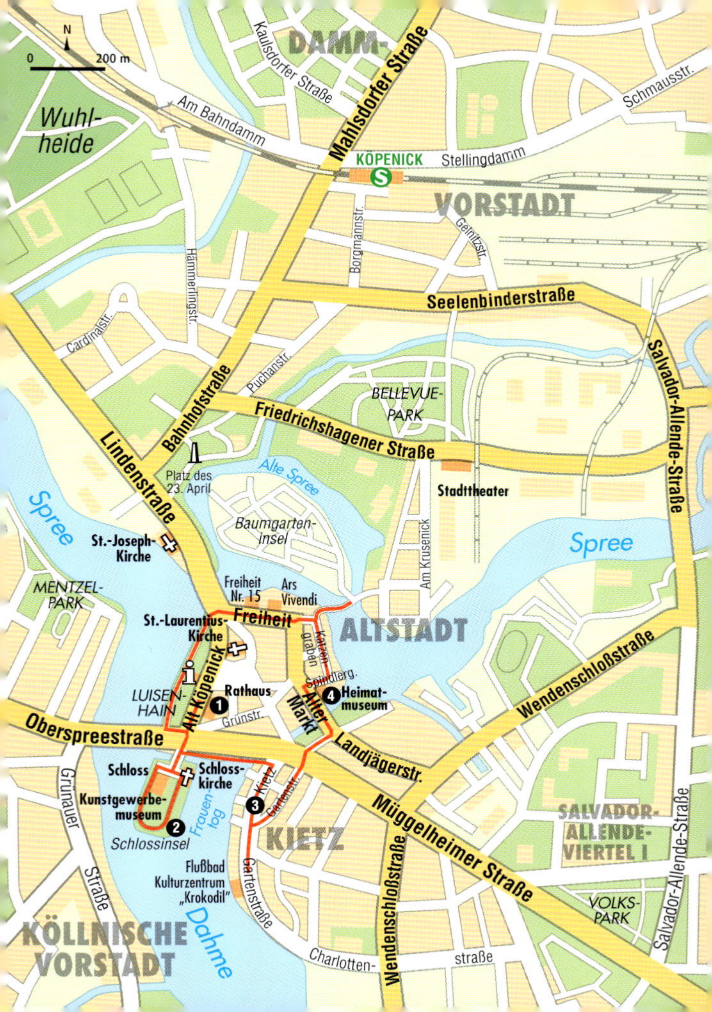

N
0
200 m
Wuhlheide
DAMM-
VORSTADT
Kaulsdorfer Straße
Mahlsdorfer Straße
Am Bahndamm
Schmausstr.
KÖPENICK
Stellingdamm
Borgmannstr.
Gelnitzstr.
Hämmerlingstr.
Seelenbinderstraße
Cardinalstr.
Puchanstr.
Bahnhofstraße
BELLEVUE-PARK
Friedrichshagener Straße
Salvador-Allende-Straße
Lindenstraße
Platz des 23. April
Alte Spree
Stadttheater
Spree
Baumgarteninsel
Am Krusenick
St.-Joseph-Kirche
MENTZEL-PARK
Freiheit Nr. 15
Ars Vivendi
Freiheit
St.-Laurentius-Kirche
ALTSTADT
Katzengraben
Spindlerg.
Rathaus
Heimatmuseum
LUISENHAIN
Alt Köpenick
Alter Markt
Grünstr.
Wendenschloßstraße
Oberspreestraße
Landjägerstr.
Schloss
Schlosskirche
Kietz
Gartenstr.
Kunstgewerbemuseum
Frauentog
Schlossinsel
KIETZ
Müggelheimer Straße
SALVADOR-ALLENDE-VIERTEL I
Grünauer Straße
Flußbad Kulturzentrum „Krokodil"
Gartenstraße
Wendenschloßstraße
VOLKSPARK
Salvador-Allende-Straße
Dahme
KÖLLNISCHE VORSTADT
Charlottenstraße
1
2
3
4

Tour 20

Geschichte mit Seeblick

mittel

Bölschestraße → Museum im Wasserwerk → Brauerei-Museum → Spreetunnel → Ausflugsgaststätte Rübezahl

Die Bölschestraße und das Nordwestufer des Müggelsees sind die Sehenswürdigkeiten von Friedrichshagen, wo sich ein Stück preußische Geschichte und eine der landschaftlich schönsten Ecken Berlins verbinden.

Start: Ⓢ Friedrichshagen (S 3)
Ziel: Müggelheimer Damm (Bus X 69 bis Ⓢ Köpenick)
Wann: an einem schönen Sommertag; aber auch im Winter reizvoll

Sie kamen aus Böhmen und der Schweiz, aus Sachsen und der Pfalz und suchten in Preußen ein besseres Auskommen: 1753 gründete Friedrich der Große das Kolonistendorf Friedrichshagen und ließ 800 Maulbeerbäume anpflanzen, um die Seidenraupenzucht und Seidenspinnerei voranzutreiben. Das lief rund 50 Jahre lang gut, bis zur Einführung der Maschinenspinnerei. Der nächste Aufschwung kam erst nach 1849 mit der Eisenbahn, als aus dem nahen Berlin die Sommerfrischler an den Müggelsee reisten und großbürgerliche Häuser im Zentrum und Villen am See entstanden.

Wenn man aus der S-Bahn kommt, geht man nach rechts und überquert den Fürstenwalder Damm. Hier beginnt die **Bölschestraße:** Die Flanier- und Einkaufsmeile, der

Am Müggelsee

»Kudamm des Ostens«, ist preußisch schnurgerade ausgerichtet und bis zum Müggelseedamm ziemlich genau 1 km lang. Benannt wurde sie nach dem Schriftsteller Wilhelm Bölsche, der mit Bruno Wille 1890 den »Friedrichshagener Dichterkreis« gründete, eine Gruppe von Künstlern und Bohemiens mit großem Einfluss auf die Lebensreformbewegung (»Zurück zur Natur«).

Die ganze Straße steht heute unter Denkmalschutz, einschließlich einiger Maulbeerbäume – wie der vor Hausnummer 63 auf der linken Straßenseite (weitere vor den Hausnummern 121, 126 a, 11). Zur ersten Einkehr lädt das romantische Restaurant Friedrichskeller (Nr. 68) mit Innenhof und Gewölbekeller ein (○○). Die Straße erzählt über 200 Jahre Architekturgeschichte. Schön restaurierte einstöckige Häuser in typisch märkischer Bauweise mit Remise im Hinterhofgarten stehen neben Gründerzeithäusern mit Jugendstilelementen, und auch die DDR hat mit Rauputzfassaden und einer flachen Einkaufshalle Spuren hinterlassen.

Prächtigstes Haus auf der rechten Seite ist das alte **Rathaus** ❶ (Nr. 87), heute Polizeiwache. Die 1903 geweihte **Christophorus-Kirche** links dominiert auch den quadratischen **Marktplatz** ❷ auf der rechten Straßenseite. Erst seit 2003 steht hier, an der Ecke Am Myliusgarten, ein neues Denkmal für den Ortsgründer Friedrich II. Das ursprüngliche war nach 1945 vom Sockel gestoßen worden.

Zum Reiz der Straße trägt auch der Branchenmix bei: Cafés und Kneipen wechseln mit Boutiquen, Buchläden und jeder Menge Geschäften, die ganz alltägliche Dinge an-

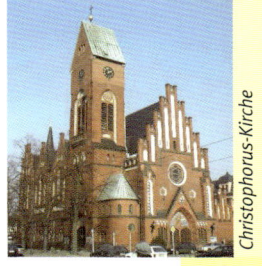

Christophorus-Kirche

bieten. Besonders verlockend: Die Confiserie **Chocolat Felicitas** in der Nr. 6 (auch So 12–17 Uhr).

Wasserwerkmuseum

Wer sich für Industriekultur interessiert, kann am Müggelseedamm in die Tram 60 steigen und zum **Museum im Wasserwerk** ❸ fahren (Müggelseedamm 307, Mo, Di geschlossen). Die Dauerausstellung im alten Schöpfmaschinenhaus informiert über die Entwicklung der Wasserversorgung in Berlin seit 1893.

Oder man überquert gleich den Damm und folgt der Josef-Nawrocki-Straße bis zur ältesten Berliner Brauerei (seit 1869); 2010 wurde das Berliner **Bürgerbräu** ❹ von Radeberger geschluckt. Das große Brauereigebäude liegt direkt an der Müggelspree – hier durchfließt die Spree den See –, und steht erst mal leer. Herrliche Ausblicke über den See bis hin zu den Müggelbergen und zum Müggelturm am gegenüberliegenden Ufer hat man von den Restaurantterrassen am Wasser. Die **Weiße Villa** lockt mit anspruchsvoller Küche (○○), im populären **Schrör's am Müggelsee** gibt es Deftiges (○).

Wenige Schritte weiter führt der **Spreetunnel** ❺ seit 1927 unter der 120 m breiten Müggelspree hindurch ans andere Ufer. Von hier aus kann man auf einem Waldweg 2,5 km lang dem Westufer des Müggelsees bis zur Ausflugsgaststätte **Rübezahl** folgen. Unterwegs gibt es eine Badestelle – schließlich ist der Große Müggelsee Berlins größtes und sauberstes Gewässer. Wem der Weg zu Fuß zu weit ist, kann auch Schiff fahren (über Müggelseeperle und Rübezahl zurück nach Friedrichshagen).

Tour im Anschluss: 19

FRIEDRICHSHAGEN
Fürstenwalder Damm
Lindenallee
Friedrichshagener Grundschule
Am Goldmannpark
Stein-platz
Fürstenwalder Damm
Bölsche Straße
Rathaus
Ahornallee
Werlseestraße
Wasserwerk Friedrichshagen
Bruno-Wille-Straße
Physikalisch-technische Bundesanstalt
Peter-Hille-Straße
Marktplatz
St. Christophorus
Scharnweber-straße
Aßmann-straße
Rahndorfer Straße
FRIEDRICHSHAGEN
Werlseestraße
Franziskus-kapelle
Löcknitz-str.
Müggelseedamm
Müggelseedamm
ehem. Bürgerbräu
Villa Gladenbeck
Berliner Wasserbetriebe
Museum im Wasserwerk
Josef-Nawrocki-Straße
Strandbad Müggelsee
MÜGGEL-PARK
Spree
Spreetunnel (Fußgänger)
Müggelschlösschenweg
Am Müggelsee
Berliner
Großer Müggelsee
Stadtforst
Chauseehaus
Müggelheimer Damm
Am Müggelsee
Rübezahl
N
0
200 m

Tour 21

Wannsee: Kunst, Natur und Geschichte

mittel

Strandbad Wannsee → Literarisches Colloquium → Kleist-Grab → Liebermann-Villa → Gedenkstätte Haus der Wannseekonferenz → Heckeshorn

Spaziergang durch das vornehme Villenviertel Wannsee im Bezirk Steglitz-Zehlendorf. Die Liebermann-Villa und das Haus der Wannseekonferenz mit ihren Ausstellungen zu unterschiedlichen Themen erlauben auch Einblicke in das großbürgerliche Leben von einst.

Start: Ⓢ Wannsee (S 1, 7)
Ziel: Bushaltestelle Heckeshorn (Bus 114 zur Ⓢ Wannsee; der Spaziergang lässt sich bis zur Pfaueninsel verlängern (s. Tour 24)
Wann: am besten an einem schönen Sommertag

»... und dann nüscht wie raus nach Wannsee«: Wer diesen Schlager der »kleinen Cornelia« von 1951 im Ohr hat, denkt sofort an das traditionelle **Strandbad Wannsee** ❶ mit seinem 1200 m langen und 80 m breiten Sandstrand. Das »größte Binnenbad Europas« lockt an heißen Tagen bis zu 30 000 Besucher an. Hin kommt man zu Fuß von der S-Bahn-Station Nikolassee oder mit dem Bus (216) ab Bahnhof Wannsee bis Wannseebadweg. Schräg gegenüber vom S-Bahnhof Wannsee legen Ausflugsschiffe und die Fähre nach Kladow ab.

Der Spaziergang ab Bahnhof Wannsee beginnt mit einem Blick in die »Villenkolonie

Strandbad

Wannsee«, die ab 1874 für das aufstrebende Großbürgertum Berlin erbaut wurde. Am Sandwerder reihen sich repräsentative Villen in großzügigen Gartenanlagen auf der Haveldüne aneinander. Bei Lesungen und Debatten öffentlich zugänglich ist das **Literarische Colloquium** ❷ (Nr. 5), in dem Literatur-Stipendiaten Wohnungen und Ruhe zum Schreiben finden – so wie einst Carl Zuckmayer hier seinen »Fröhlichen Weinberg« schrieb.

Für Literaturfreunde lohnt ein Abstecher zum **Kleist-Grab** ❸ in der Bismarckstraße. An dieser Stelle am Kleinen Wannsee nahm sich Heinrich von Kleist zusammen mit seiner Geliebten Henriette Vogel 1811 das Leben. Der schlichte Grabstein ist oft mit Blumen geschmückt. Ein Pfad führt bis ans Wasser; die Nachbargrundstücke sind privat oder gehören Rudervereinen.

An der Königstraße überquert man nun die Wannseebrücke. Der Große Wannsee nördlich ist eine Ausbuchtung in der Havel, die sich unter der Brücke zum Kleinen Wannsee verengt. Die Königstraße führt schnurgerade durch den Ortsteil Wannsee und weiter bis zur Glienicker Brücke, rechts zweigt die Straße Am Großen Wannsee ab. Bevor sie abschüssig wird, hat man eine schöne Aussicht auf den See. Dann verstellen eingezäunte Privatvillen und Wassersportclubs den Blick.

Die »Villenkolonie Alsen« entstand ab 1870 auf Initiative des Bankiers Wilhelm Conrad für die reiche Oberschicht als Sommerresidenz. 1910 ließ sich Max Liebermann hier nieder. Heute zeigt die restaurierte **Liebermann-Villa am Wannsee** ❹ eine Ausstellung zu Leben und Wirken des Malers sowie einige seiner Werke. Der Garten, in dem man bis ans Wasser flanieren

Liebermann-Villa

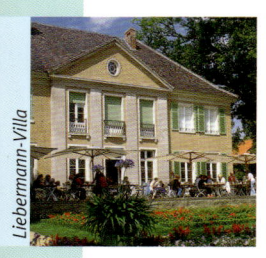

kann, sieht fast genauso aus wie auf vielen seiner Gemälde. Im einstigen Speisezimmer gibt es ein kleines Café, das auch auf der Sommerterrasse serviert. Auf dem südlichen Nachbargrundstück zeigt die Villa Thiede eine private Kunstsammlung.

Das Haus Am Großen Wannsee 56–58, hinter einem hohen Gitter, ist die Gedenkstätte **Haus der Wannseekonferenz ❺**. In der großbürgerlichen Villa fand am 20. 1. 1942 die Konferenz zur so genannten Endlösung der Judenfrage statt. Die Dauerausstellung »Die Wannsee-Konferenz und der Völkermord an den europäischen Juden« dokumentiert Vorgeschichte und Folgen dieser unmenschlichen Entscheidung. Den Mittelpunkt bildet der historische Konferenzraum.

Von links kreuzt die Straße Zum Heckeshorn, die rechts zum Fußweg wird. Auf einem Sockel über dem Heckeshorn thront riesig und schwer die Zinkgussnachbildung des **Flensburger Löwen ❻**. Das Original war preußische Kriegsbeute von der Insel Alsen, wo Dänemark 1864 kapitulierte. Die Villenkolonie Alsen von 1870 und der Löwe erinnern an diesen Sieg der Preußen. Der Blick reicht von hier auf das Wannseebad und (links) bis zum Grunewaldturm. Im Restaurant **Seehase** zu Füßen des Löwen sitzt man nicht nur wunderbar am Wasser, es gibt auch hervorragende Fischspezialitäten und türkische Gerichte (◐◐).

Die Bushaltestelle ist nur wenige Schritte entfernt – oder man folgt dem Uferweg gut eine Stunde lang bis zum Fähranleger Pfaueninsel.

Touren im Anschluss: 22, 23

Map

N | 0 — 200 m

- Schwanenwerder
- Wannseebadweg
- Großer Wannsee
- Strandbad ❶
- Wannsee
- Landesforstamt
- Heckeshorn
- Restaurant Seehase
- Flensburger Löwe ❻
- Haus der Wannseekonferenz ❺
- S-Bahn Nikolassee
- Am Heckeshorn
- Liebermann-Villa am Wannsee ❹
- Villa Thiede
- Am Sandwerder
- Literarisches Colloquium ❷
- WANNSEE
- S Wannsee
- NIKOLASSEE
- Wannseebrücke
- Königstr.
- Kronprinzessinnenweg
- Potsdamer Chaussee
- Kleistgrab ❸
- Glienicker Brücke
- Kleiner Wannsee

Tour 22

Italien in Preußen

mittel

Schloss und Park Glienicke → Wirtshaus Moorlake → Blockhaus Nikolskoe → St. Peter und Paul → Fähranleger Pfaueninsel → Schloss Glienicke

Vom »preußischen Arkadien« durch den Schlosspark und am Ufer der Havel entlang bis zum Fähranleger der Pfaueninsel. Unterwegs überrascht ein Stück Russland in Preußen.

Start: Schloss Glienicke, Bus 316 ab S Wannsee
Ziel: Fähranleger Pfaueninsel (Bus 218 bis S Wannsee) oder Schloss Glienicke
Wann: ein sommerlicher Spaziergang, der bei schönem Wetter auch im Winter Spaß macht

Der Hauptzugang zum *Schloss Glienicke ❶ liegt an der Königstraße. Prinz Carl, ein Sohn von Friedrich Wilhelm III. und Königin Luise, ließ sich von Karl Friedrich Schinkel, dem preußischen Stararchitekten des 19. Jhs., das Landgut Glienicke zu seinem italienischen Traumhaus umbauen. Das Schinkelsche Mobiliar in den farbenprächtig und harmonisch gestalteten Wohnräumen ist Anziehungspunkt im Schloss, einen weiteren bildet das Hofgärtner-Museum, das Gärtner als Künstler würdigt (Di–So, im Winter nur Sa, So, Fei). Was die Gartendenkmalpfleger, die Nachfolger der Hofgärtner, heute leisten, ist an dem zauberhaften Garten rund um das Schloss abzulesen.

Schloss Glienicke

Ursprünglich gestaltete Peter Joseph Lenné die anmutige Anlage mit der Löwenfontäne, Skulpturen, Gartenstaffagen und Bauten wie der Kleinen und der Großen Neugierde nach Entwürfen von Schinkel. Schönster Aussichtspunkt für den Blick über die Havel auf das Ufer am Neuen Garten ist Schinkels **Casino,** einst Gästehaus mit klassizistischem Marmorsaal.

Schinkels Casino

Im benachbarten romantischen Klosterhof ließ Prinz Carl kostbare Stücke seiner Kunstsammlung verbauen und ausstellen, die er auf seinen Italienreisen erworben hatte. Einzelne Reliefs oder Bruchstücke zieren die Mauern verschiedener Bauten des Schlossensembles.

Östlich davon liegt die Orangerie. Links führt ein Weg durch das Hirschtor zur Uferpromenade, geradeaus kommt man zum **Hofgärtner- und Maschinenhaus** ❷, 1836 von Ludwig Persius entworfen. Es ist ein herausragendes Beispiel dafür, wie Technik hinter ästhetisch ansprechenden Mauern verborgen wurde, in diesem Fall ein dampfbetriebenes Wasserwerk zur Gartenbewässerung und zum Betrieb der Brunnen und Wasserspiele.

Ein Stück hinter dem Maschinenhaus erreicht man wieder den Uferweg an der Havel. Das **Krughorn** ❸ ist ein idealer Aussichtspunkt: Links in der Ferne erhebt sich das Belvedere auf dem Pfingstberg, rechts ist das Schloss auf der Pfaueninsel zu sehen, und am Ufer gegenüber steht am Rand des Schlossparks Sacrow, von Persius nahezu ins Wasser gebaut, die **Heilandskirche** ❹. Bis 1990 war die Kirche im Sperrgebiet nicht zugänglich. Die Grenzverlauf lag inmitten der Havel.

Heilandskirche

Moorlake

Der Weg macht nun eine scharfe Biegung nach rechts und windet sich dann um eine kleine, tief eingeschnittene Bucht. Beim Blick auf das Wirtshaus **Moorlake** ❺ (○○) glaubt man sich in ein alpenländisches Idyll versetzt. Dieses Schweizer Haus, ebenfalls von Persius, war einst Prinzliche Unterförsterei und ist seit über 100 Jahren ein beliebtes Ausflugslokal.

Von der Schweiz ist es nicht weit nach Russland, egal ob man zunächst am Ufer der Havel bleibt oder gleich den Waldweg den märkischen Hügel hinauf wählt. Zunächst erreicht man das **Blockhaus Nikolskoe** ❻, 1819 nach russischem Vorbild erbaut als Geschenk Friedrich Wilhelms III. an seine Tochter Charlotte, die mit dem späteren Zaren Nikolaus verheiratet war. Der russische Verwalter richtete hier bald eine Gastwirtschaft ein, und das ist das Blockhaus Nikolskoe heute noch; die Küche ist gut und deutsch, die Aussicht grandios (○○).

Nicht weit entfernt ragt **St. Peter und Paul** ❼ mit seiner russischen Zwiebelkuppel aus dem Wald. Der Innenraum, im sachlichen Stil Schinkels von einem seiner Schüler entworfen, ist weitgehend im ursprünglichen Zustand erhalten.

Nach kurzem Abstieg ist der **Fähranleger zur Pfaueninsel** ❽ erreicht (s. Tour 25, S. 104). Der Bus 218 fährt von hier zum S-Bahnhof Wannsee, oder man wandert durch den Berliner Forst zurück zum Schloss Glienicke. Dort lockt in der Remise das Restaurant **Goldener Greif** (s. Restaurants, S. 136) mit bester brandenburgischer Küche, die man natürlich auch schon zu Beginn der Tour genießen kann.

Touren im Anschluss: 21, 23, 24, 25

Sacrower
See
Krampnitzer Str.
SACROW
Kladower Str.
Sacrower
Lanke
Meedehorn
Havel
Schweizer Haus
Schloss
Fährhaus
Kastellanhaus
Fähranleger
8
Wirtshaus Pfaueninsel
Schloss Sacrow
Appelhorn
Nikolskoer Weg
St. Peter und Paul
7
6
Blockhaus Nikolskoe
4
Heilandskirche
Krughorn
3
Jungfern-
see
Rettungsstation Jägerhof
5
Wirtshaus Moorlake
Moorlake-
Weg
Moorlaker Gestell
Berliner
VOLKSPARK
Haveluferweg
Alter Königsweg
KLEIN-GLIENICKE
2
Maschinenhaus
KLEIN-GLIENICKE
Forst
Matrosenstation Kongsnaes
Casino
1
Schloss Glienicke
Nikolskoer Weg
Königstr.
Glienicker Brücke
Königstr.
Königstr.
N
0
200 m

Tour 23

Rundgang auf der *Pfaueninsel

mittel

**Fähranleger → Kastellanhaus und Schweizer Haus
→ Schloss Pfaueninsel → Kavalierhaus → Meierei →
Luisentempel → Voliere → Rosengarten → Fähranleger**

Ob Sommer oder Winter, ob Sonne, Regen, Schnee oder Nebel –
der Fährmann hat immer zu tun. Die Pfaueninsel in der Havel ist eines
der beliebtesten Ausflugsziele in Berlin, ein Stück vom Paradies am
Rande der Großstadt.

Start: **Fähranleger Pfaueninsel
(Bus 218 ab/bis S Wannsee)**
Ziel: **Fähranleger Pfaueninsel**
Wann: **an einem schönen Tag zu jeder Jahreszeit**

Die 67 ha große, unter Naturschutz stehende Insel lässt sich in gut einer Stunde umrunden. Aber auf der Pfaueninsel spaziert man nicht zügig und mit festem Ziel, man lustwandelt wie zu königlichen Zeiten und überlässt sich der kunstvollen Wegeführung. Peter Joseph Lenné, der die Pfaueninsel im Auftrag Friedrich Wilhelms III. prägte, hat es verstanden, die Natur in wechselnden Bildern zu inszenieren. Hinter jeder Biegung öffnen sich neue Sichten auf Bauten, Parkarchitekturen und über das Wasser hinweg auf landschaftliche Weiten. Auch Gehölzgruppen, Brunnen und Skulpturen sollen das Auge erfreuen. Sogar die frei lebenden Pfauen sind Teil der Inszenierung, in der zusätzlich noch Rehe, Hasen und Füchse mitspielen und Vögel den musikalischen Part übernehmen.

Zwischen **Fährhaus** ❶ und **Kastellanhaus** führt eine Treppe auf eine leichte Anhöhe. Rechts davon liegt der Runde Garten, links erreicht man das **Schweizer Haus** ❷, das Karl Friedrich Schinkel 1829 im romantisierenden Schweizer Stil zur Verklärung des einfachen Landlebens erbaut hat.

Von märchenhafter Romantik ist das weiße **Schloss** ❸ am Ufer der Havel. Die aufgemalte Fassadengestaltung erweckt den Eindruck einer Ruine. Ausgerichtet auf das Marmorpalais im Neuen Garten Potsdam schweift der Blick bis nach Glienicke und Sacrow. Das paradiesische Refugium hatte Friedrich Wilhelm II. für sich und seine Geliebte, die Gräfin Lichtenau, schaffen lassen. Sein Nachfolger Friedrich Wilhelm III. und Königin Luise weilten oft im Sommer hier; von Luise sind viele Ausstattungsstücke erhalten, sogar ihre Hüte liegen noch im Schrank.

Prunkvoll ist der Festsaal im Obergeschoss mit originalen Kronleuchtern. Von Südseeträumen zeugt ein Kabinett, das eine Bambushütte imitiert und durch aufgemalte Fenster ebenso gemalte Aussichten bietet auf märkische Schlösser in tropischen Landschaften (im Winter geschlossen).

Auf der Insel beeindrucken der uralte Eichenbestand und die wechselnde Ufervegetation. Am Hauptweg längs über die Insel kommt bald das **Kavalierhaus** ❹ in den Blick. Die gotische Fassade schmückte einst ein Danziger Patrizierhaus. Sie wurde unter Schinkels Aufsicht abgetragen und auf die Pfaueninsel versetzt.

Wie eine verfallene gotische Klosteranlage wurde 1795 die **Meierei** ❺ am nördlichen Ende der Insel errichtet, in der dann Friedrich Wilhelm III. Milchkühe im angebauten Stall halten ließ. Im Erdgeschoss des Turmes

Kavalierhaus

Meierei

lag die Meierwohnung. Im Obergeschoss des kleinen Gebäudes überrascht der mit Malereien und Stuckaturen dekorierte neogotische Saal aus dem späten 18. Jh. (geöffnet an den Winterwochenenden). Einen kleinen bewirtschafteten Hof gibt es heute noch – und Pferde, die so manche Last über die Insel transportieren.

Der **Luisentempel** ❻ am Waldrand wurde zum Gedenken an Königin Luise (gest. 1810) errichtet. Der östliche Uferweg führt an einem Gedenkstein für Johann Kunckel vorbei, einen Alchemisten des Großen Kurfürsten, der 1685–1688 in einem Geheimlaboratorium auf der Insel Experimente zur Herstellung von Goldrubin- und anderen Farbgläsern durchführte.

Auf dem so genannten Stellweg durch die Inselmitte gelangt man zu einer **Voliere** ❼, die bald wieder exotische Hühnervögel beherbergen soll. Sie erinnert an die Menagerie Friedrich Wilhelms III. mit exotischen Tieren, die später den Grundstock bildeten für den Berliner Zoo.

Vorbei am Wasservogelteich und der romantischen Anlage um die Fontäne erreicht man wieder den Uferweg. Hier liegen Gewächshäuser und der so genannte Ergänzungsrosengarten, der die Fülle und Vielfalt der Rosensorten auf der Pfaueninsel nach Alter geordnet präsentiert. Der historische **Rosengarten** ❽, der älteste in Preußen, wurde nach Lennés Vorbild rekonstruiert. Er ist ein Juwel der Gartenkunst und steht von Ende Mai bis Anfang Juli in schönster Blüte. Von hier ist man schnell wieder am Fähranleger.

Touren im Abschluss: 21, 22

KLADOW
Sakrower Kirchweg
Quastenhorn
Lüdickeweg
Sakrower Landstr.
Schwemmhorn
Havel
Erdzunge
Kälberwerder
Büffelteich
5 Meierei
Parschenkessel
6 Luisentempel
Pfaueninsel
LIEGEWIESE
Kavalierhaus 4
7 Voliere
Schloss
3
Schweizer Haus
2
ROSENGARTEN
8
1
Fährhaus
Kastellan-haus
Fähranleger
Uferpromenade
Uferpromenade
Wirtshaus Pfaueninsel
Nikolskoer Weg
Pfaueninselchaussee
Berliner Forst
von Route 24
N
0
200 m

Tour 24

Preußens schönster Landschaftsblick

mittel

Glienicker Brücke → Klein-Glienicke → Uferweg → Rosentreppe → Schloss Babelsberg → Kleines Schloss → Matrosenhaus → Gerichtslaube → Flatowturm → Havelhaus → Nuthestraße

Der Schlosspark Babelsberg ist ein Meisterwerk der Gartenkunst, mit inszenierter Wegeführung, einem märchenhaften Schloss und herrlichen Aussichten in die von der UNESCO geadelte Potsdam-Berliner Kulturlandschaft.

Start: Berlin, Glienicker Brücke (Bus 316 ab Ⓢ Wannsee)
Ziel: Potsdam, Nuthestraße/Humboldtbrücke (Tram 94 zur Ⓢ Babelsberg)
Wann: bei Sonne, am schönsten im Frühling; im Winter ist Schloss Babelsberg geschlossen

Von der **Glienicker Brücke** ❶ hat man den schönsten Blick auf das Schloss Babelsberg, das malerisch am Hang oberhalb der Glienicker Lake thront. Ein ausgeschilderter Wander- und Radweg biegt von der Königstraße rechts ab und führt durch Klein-Glienicke mit dem nicht öffentlich zugänglichen Jagdschloss Glienicke – zu Mauerzeiten eine West-Berliner Enklave, die an der Waldmüllerstraße endete; dann folgten Mauer, Sperrgebiet und die Potsdamer Enklave Klein-Glienicke, heute mit dem großen Biergarten Bürgershof am Wasser. Über die Parkbrücke erreicht man den Uferweg am Nordrand des Schlossparks Babelsberg.

Man überlässt sich ganz der Wegeführung mit den überraschenden Sichten des englischen Landschaftsgartens, den Peter Joseph Lenné im 19. Jh. angelegt und Hermann Fürst von Pückler Muskau vollendet hatte. Direkt am Wasser liegt das **Maschinenhaus ❷** von Ludwig Persius, das einem mittelalterlichen Kastell gleicht und zur Bewässerung der Parkanlagen und zum Betrieb der Fontänen diente. Sonntags sprudelt der Geysir an der **Lenné'schen Bucht ❸**. Die romantisch überwachsene Rosentreppe links führt hinauf in den sanft ansteigenden **Pleasureground ❹**, so die Bezeichnung aus der englischen Gartenkunst für kunstvoll arrangierte Blumengärten in unmittelbarer Schlossnähe. Fürst Pückler Muskau nannte sie »Gemächer unter freiem Himmel«. Sie entzücken im Frühjahr und Sommer mit unterschiedlicher Bepflanzung.

Dahinter erhebt sich ***Schloss Babelsberg ❺**, eine neogotische Burganlage nach englischem Vorbild, die nach Plänen Karl Friedrich Schinkels und in der Erweiterung durch Persius 1833/34 und 1845–1849 für Prinz Wilhelm, den späteren Kaiser Wilhelm I., und seine Gattin Augusta erbaut wurde. Prunkstück der bislang restaurierten Raumfolge ist der gotische Tanzsaal mit seiner aufwendigen Gewölbeausmalung (im Winter geschlossen).

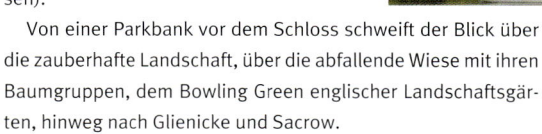

Schloss Babelsberg

Von einer Parkbank vor dem Schloss schweift der Blick über die zauberhafte Landschaft, über die abfallende Wiese mit ihren Baumgruppen, dem Bowling Green englischer Landschaftsgärten, hinweg nach Glienicke und Sacrow.

Durch die vielseitigen Blumen- und Rosengärten geht es wieder hinunter ans Ufer des Tiefen Sees. Im freundlichen Restau-

Kleines Schloss

rant **Kleines Schloss,** früher königliches Gästehaus, kann man Pause machen (○○).

Weiter auf dem Uferweg, im englischen Gartenvokabular Drive genannt, fällt der Blick auf die futuristischen Architektur des **Hans-Otto-Theaters** an Potsdams neuem Kulturstandort **Schiffbauergasse** am gegenüberliegenden Ufer.

Mittelalterliche Anmutung haben weitere Gebäude im Park, die von Johann Heinrich Strack zwischen 1853 und 1872 errichtet wurden. Der Weg links führt zum **Matrosenhaus ❻** mit seiner auffallenden Giebelfassade. An der nächsten Weggabelung geht es links zur **Gerichtslaube ❼**, für die Teile des abgebrochenen Alten Berliner Rathauses Verwendung fanden.

Flatowturm

Rechts davon erhebt sich der festungsähnliche **Flatowturm ❽**, nach dem Vorbild des Eschenheimer Tors in Frankfurt/Main, der Kaiser Wilhelm I. als Rückzugsort diente. Seine restaurierten Wohnräume sind (an Sommerwochenenden) zu besichtigen. Vor allem aber kann man von der Aussichtsplattform (124 Stufen!) einen grandiosen Panoramablick auf die Umgebung genießen. Richtung Westen liegen Marmorpalais und das Belvedere auf dem Pfingstberg in derselben Sichtachse.

Mit insgesamt 22 km Wegenetz lädt der Park zu weiteren Erkundungen über die Höhen des Babelsberges ein. Kehrt man zurück auf den Uferweg, erreicht man durch das Havelhaus die Straßenbahn an der Nuthestraße.

Touren im Anschluss: 25, 26, 27

N
0
200 m
BERLINER
VORSTADT
Berliner Str.
Glienicker Brücke
Königstr.
Schloss Glienicke
Jagdschloss Glienicke
Glienicker Lake
Babelsberger Enge
Bürgershof Biergarten
Lenné'sche Bucht Rosentreppe
Schloss Babelsberg
Maschinenhaus
Pleasure-ground
Kleines Schloss
PARK
Universität Potsdam
Schwarzes Meer
Gerichtslaube
Matrosenhaus
Siegessäule Friedrich-Wilhelm-Höhe
Flatowturm
Strandbad Babelsberg
Hans-Otto-Theater
Kulturstandort Schiffbauergasse
Tiefer See
Großer See
Kindermann-see
BABELSBERG
Seestr.
Rembrandtstr.
Ludwig-Richter-Str.
Mühlenweg
Nuthestr.
Uferweg
Am Großen Umfahrweg
Lanke-str.
Park-brücke
Waldmüllerstr.
Mövenstr.
Am Böttcher-berg
Allee nach Glienicke
Karl-Marx-Str.
An der Sternwarte
Rosa-Luxemburg-Str.
Fichtestr.

Tour 25

Potsdam: Neuer Garten

lang

Glienicker Brücke → Schwanenallee → Muschelgrotte → Meierei → Schloss Cecilienhof → Marmorpalais → Orangerie → Gotische Bibliothek

Vom Traumschloss Friedrich Wilhelms II. bis zum Potsdamer Abkommen: Marmorpalais und Cecilienhof heißen die Schlösser im Neuen Garten am Heiligen See.

Start: Glienicker Brücke, Bus 316 ab S Wannsee
Ziel: Portierhaus (Am Neuen Garten/Alleestraße, Bus 603)
Wann: bei schönem Wetter

Von der Glienicker Brücke, Schloss Glienicke im Rücken, schweift der Blick über die Havellandschaft: nach links zum Schloss Babelsberg und dem Maschinenhaus der Meierei, nach rechts zur Heilandskirche in Sacrow. Am Ortsschild Potsdam geht rechts die **Schwanenallee** ab. Die Villa Schöningen ist ein Deutsch-Deutsches-Museum mit Skulpturengaren und Gartencafé. Die Havel verbreitert sich hier zum Jungfernsee. Am Ufer verweist ein norwegisches Holztor auf die einstige kaiserliche Matrosenstation **Kongsnaes** ❶, an der im Sommer gelegentlich eine Kopie der Miniaturfregatte »Royal Louise« von 1831 anlegt. In den Blockhäusern im norwegischen Stil linker Hand lebten und arbeiteten die Matrosen.

Neuer Garten

An der Schwanenbrücke über den Hasengraben, der den Heiligen See mit dem Jungfernsee verbindet, beginnt der **Neue Garten.** Von der Landenge – im Sommer voll mit Badenden – bietet sich ein herrlicher Blick auf die Potsdam-Berliner Kulturlandschaft, die seit 1990 zum UNESCO-Welterbe gehört.

Links kommt das Marmorpalais ins Bild, rechts reicht die Sicht über die Havel hinweg an der Heilandskirche vorbei bis zum Schloss auf der Pfaueninsel. Derartige Sichtachsen sind das Werk des Gartenkünstlers Peter Joseph Lenné, der ab 1816 dieses Zusammenspiel von Natur und Kunst inszenierte.

Der kürzere Weg zum Schloss Cecilienhof führt links am Ufer des Heiligen Sees entlang, der Weg rechts folgt in längeren Windungen dem Jungfernsee. Dass hier von 1963–1990 Grenzgebiet war, in dem alles Wuchernde vernichtet wurde, ist dem rekonstruierten Wegeverlauf und der Neuanpflanzung nicht mehr anzusehen.

Wie ein »rohes Werk der Natur« sollte die eigenwillige **Muschelgrotte** ❷ wirken, die Friedrich Wilhelm II. ab 1794 als Rückzugsort nutzte. Die **Meierei** ❸, die einst Milch für den Hof lieferte, ist heute ein beliebtes Ausflugslokal mit selbst gebrautem Bier und deftiger Küche (○).

Feiner speist man im ∗**Schloss Cecilienhof** ❹ (s. Restaurants, S. 137), das z. T. Hotel ist. Im östlichen Trakt wurden einige Privaträume des letzten Kronprinzenpaares Wilhelm und Cecilie wiederhergestellt, die man besichtigen kann. Hauptbesucherattraktion im Schloss ist der Konferenzsaal, in dem 1945 die Staatschefs der Siegermächte das Potsdamer Abkommen zur Nachkriegsordnung schlossen.

Schloss Cecilienhof

Auf dem Weg zum Marmorpalais passiert man eine ägyptisch anmutende **Pyramide,** die den Eingang zu einem Eiskeller verdeckte. Der fantasievolle Staffagebau zeugt von der Vorliebe Friedrich Wilhelms II. für Exotisches und die Moderne seiner Zeit. Begeistert von der Antike und inspiriert vom Klassizismus, ließ er das **Marmorpalais ❺** in seinem Neuen Garten bewusst als Gegenstück zum Rokoko Friedrichs des Großen in Sanssouci schaffen. Die prachtvollen Innenräume des Sommerschlosses, das Friedrich Wilhelm IV. um die beiden Flügelbauten erweitern ließ, wurden jüngst restauriert und mit Möbeln und Kunstwerken aus der Zeit der Bewohner eingerichtet: Als Kleinod des Frühklassizismus lohnt es eine Besichtigung. Von der Terrasse hat man einen schönen Blick über den Heiligen See – links bis zur Pfaueninsel und gegenüber auf die Villen der heutigen Prominenz. Ausgelagert war zu preußischen Zeiten die Schlossküche, die sich, ein paar Stufen tiefer, in einem antiken Tempel verbarg.

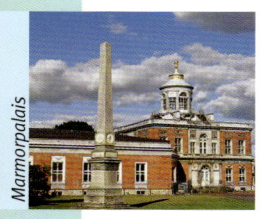

Ägyptisch dekoriert ist die Fassade der **Orangerie ❻**. Das anschließende Holländische Etablissement bestand aus Wohnungen für die Dienerschaft, Wirtschaftsgebäuden und Ställen. In den Bauten sind heute Restaurierungswerkstätten der Stiftung Preußische Schlösser und Gärten Berlin-Brandenburg untergebracht. Am Ufer entlang erreicht man die **Gotische Bibliothek ❼**. Der kürzere Weg zum Ausgang und zur nächsten Bushaltestelle führt geradeaus durch das Pförtnerhaus. Im linken Portiershaus gibt es eine kleine Ausstellung.

Touren im Anschluss: 26, 27

N
0
200 m
Riesterhorn
Jungfern-
see
Quapphorn
Meierei
Muschelgrotte
Schloss Cecilienhof
Gedenkstätte Potsdamer Abkommen
Grünes Haus
NEUER
GARTEN
LIEGE-
WIESE
Schwanen-
brücke
Schwanenallee
Matrosenstation Kongsnaes
Glienicker Brücke
Villa Schöningen
Deutsch-Deutsches Museum
Pyramide
Marmorpalais
Orangerie
Ausgang
Gotische Bibliothek
Heiliger See
Tiefer See
NAUENER
VORSTADT
BERLINER
VORSTADT
STADT-
ZENTRUM
Bertinistr.
Höhenstr.
Am Neuen Garten
Leistikowstr.
Am Neuen Garten
Böcklinstr.
Menzelstr.
Seestr.
Ludwig-Richter-Str.
Mühlenweg
Berliner Str.
Berliner Str.
Mangerstr.
Am N. Garten
Behlert-
str.
Hans-Thoma-Str.
1
Kleines Schloss
Gerichtslaube
Matrosenhaus
Flatowturm
Hans-Otto-Theater
Strandbad Babelsberg

Tour 26

Park Sanssouci – Preußens Glanz

lang

Friedenskirche → **Schloss Sanssouci → Historische Mühle → Orangerie → Chinesisches Haus → Römische Bäder → Schloss Charlottenhof → Neues Palais

Potsdams berühmtestes Schloss am Weinberg thront über dem Park Sanssouci, durch den sich ein 60 km langes Wegenetz zieht. Zwischen Obelisk und Neuem Palais sind gepflegte Parkanlagen, zauberhafte Gärten, Skulpturen und königliche Bauwerke zu entdecken.

Start: Luisenplatz (ab Potsdam Hauptbhf. Tram 91 – Mo–Fr auch Tram 98 – bis Luisenplatz/Süd sowie Bus 606)
Ziel: Bahnhof Park Sanssouci (Regionalbahn)
Wann: ganzjährig; schönes Wetter für den Park, Schlossbesuche auch bei Regen

Am Luisenplatz, gleich hinter dem Brandenburger Tor, beginnt die Allee nach Sanssouci. Das **Grüne Gitter** ist der Haupteingang zum Park, an dem Besucherbetreuer in preußischem Gewand freundlich Auskunft geben und um einen freiwilligen Parkeintritt bitten; die Dankeskarte zeigt auf der Rückseite einen Plan des Parks.

Grünes Gitter

Die Vorlieben zweier Preußenkönige spiegeln sich im Park und den Schlossanlagen: Friedrich dem Großen (1712–1786) ist das »friderizianische Rokoko« zu verdanken, Friedrich Wilhelm IV. (1795–1861) schwärmte für alles Italienische. Gleich rechts erhebt sich das italienisch inspirierte Ensemble um die **Friedenskirche ❶**. Nach Westen öffnet sich der bezaubernde **Marlygarten,** von Peter Joseph Lenné als Idealbild des Landschaftsgartens gestaltet, durch den man wieder den Weg »Am Grünen Gitter« erreicht – und schon blickt man auf die einzigartige Terrassenanlage von Schloss Sanssouci. Friedrich der Große ließ sich den Rokokobau von Wenzeslaus von Knobelsdorff als Sommerresidenz erbauen. Die große Fontäne, umgeben von marmornen Allegorien römischer Götter und der Elemente, liegt mitten auf der Hauptallee, die sich schnurgerade vom Obeliskenportal – rechts zu sehen – bis zum Neuen Palais am anderen Ende des Parks erstreckt. Wein und Feigen reifen in den Nischen der Terrassenanlage. Auf der obersten Terrasse rechts außen ist das Grab von Friedrich dem Großen, auf dem fast immer Blumen und Kartoffeln liegen. Der Alte Fritz hatte seinen Untertanen den Anbau der nahrhaften Knolle befohlen.

Der Eingang zum prunkvollen ****Schloss Sanssouci ❷** (Zeitfenstertickets an der Kasse oder unter www.eventim.de), liegt auf der Rückseite, im Ehrenhof. Von hier aus blickt man auf den Ruinenberg mit seinen romantisch antikisierenden Architekturfragmenten, wie sie zu Friedrichs Zeiten Mode waren.

Einen schönen Eindruck vom Leben abseits der Prunkgemächer gibt die Schlossküche im östlichen Seitenflügel von Sanssouci; der Küchenshop gleich daneben und der Museumsshop im westlichen Damenflügel verführen zum Kauf.

Zwischen der **Historischen Mühle** und dem Besucherzentrum führt ein Weg zum

Schloss Sanssouci

Chinesisches Haus

Orangerieschloss ❸, das den Traum Friedrich Wilhelms IV. vom preußischen Arkadien verwirklicht. Vom Turm hat man einen wunderbaren Blick auf den Park.

Über die Orangerieterrassen steigt man hinunter, überquert die Maulbeerallee und erreicht wieder die Hauptallee – es lohnt der Abstecher zum verspielten **Chinesischen Haus ❹**, dessen goldener Figurenschmuck die Chinamode des 18. Jhs. spiegelt.

An den **Römischen Bädern ❺** und dem **Schloss Charlottenhof ❻** wird es wieder romantisch italienisch. Beide Bauensembles sind Werke der preußischen Baumeister Karl Friedrich Schinkel und Ludwig Persius. Eine heitere Stimmung verbreiten der Maschinenteich, der Rosengarten, der Dichterhain hinter dem Schloss und das verborgene Hippodrom.

Auf dem weiteren Weg zum Neuen Palais eröffnen sich immer wieder überraschende Sichten auf den Park und seine Bauten. Den imposanten Abschluss des Parks Sanssouci im Westen bildet das **Neue Palais ❼**. Friedrich der Große selbst nannte das Schloss mit seiner üppig dekorierten Fassade, der mächtigen Kuppel und den prächtig ausgestatteten Wohnräumen, Festsälen und einem Schlosstheater »Fanfaronnade«, Prahlerei. Zu Friedrichs 300. Geburtstag 2012 werden weitere Räume zugänglich und die Kolonnade gegenüber zum großen Teil saniert sein.

Der Weg zum linken Tor führt geradeaus weiter vorbei am ehemaligen Kaiserbahnhof zum Regionalbahnhof Park Sanssouci.

Neues Palais

Touren im Anschluss: 24, 25, 27

RUINENBERG
BORNSTEDTER FRIEDHOF
Bornstedter See
Bornstedter Straße
273
Katzensäule
Voltaireweg
Gregor-Mendel-Str.
Weinbergstr.
Schopenhauer-
Besucher-zentrum
Zur Historis. Mühle
Ribbeckstr.
An der Orangerie
Belvedere
Drachenhaus
Winzerhaus
Ehemalige Parkoper
Lindstedter Tor
Maulbeerallee
Kaiser-Friedrich-Str.
Amundsenstr.
Am Neuen Palais
PARK
PARADIES-GARTEN
Stibadium (Ruhebank)
Orangerie-schloss
3
Friedrich Wilhelm IV.
NORDISCHER GARTEN
Historische Mühle
2
Schloss Sanssouci
Grabstätte Friedrich II.
Bilder-galerie
Neue Kammern
Weinberg-terrassen
HOLLÄNDISCHER GARTEN
Neptun-grotte
Obelisk
Bogenschütze
Jubiläums-terrasse
SIZILIANISCHER GARTEN
Gr. Fontäne
Glocken-fontäne
Frosch-fontäne
Dresdner Fontäne
BOTANISCHER GARTEN
Ehe. Hof-gärtnerhaus
Reiterstandbild Friedrich II.
Friedens-teich
MARLYGARTEN
Friedenskirche
1
Allee nach Sanssouci
Brandenburger Tor
Luisen-Pl.
Ehemaliges Gärtner-und Kastellanhaus
Ehem. Hackentheater
Antiken-tempel
Universität Potsdam
Comuns I
Kolonnade
Comuns II
7
Neues Palais
Hauptallee
Freunschafts-tempel
Sonnenlaube
Chinesisches Haus
4
Ökonomieweg
Standbild Friedrich II.
Am Grünen Gitter
Ehemalige Teeküche
Schloss-theater
REHGARTEN
Ehemalige Meierei
Zimmerstr.
Zimmer-Platz
Kastellan-haus
Lindenavenue
Theaterweg
SANSSOUCI
Teepavilion
5
Römische Bäder
Lennéstr.
BRANDENBURGER
Feuerbachstr.
Marktcenter
straße
Germanicus
Maschinen-teich
Breite Str.
1
Friedrich II.
Stibadium (Ruhebank)
Schloss Charlottenhof
6
Erlöser-kirche
Hans-Sachs-Str.
Fasanerie
DICHTERHAIN
BLUMEN-GARTEN
Hippodrom
Schafgraben
Zeppelin-
Neustädter Havelbucht
Werderscher Damm
Forst-straße
Geschwister-Scholl-Straße
DB
Bf. Potsdam Park Sanssouci
Ehemalige kaiserliche Post
VORSTADT
Bf. Potsdam Charlottenhof
N
0
200 m

Tour 27

Von der Garnisonsstadt zum Welterbe

mittel

Bahnhof → Alter Markt → Filmmuseum Potsdam → Neuer Markt → Brandenburger Tor → Holländisches Viertel → Russische Kolonie Alexandrowka

Potsdam ist nicht nur Sanssouci: Die Hauptstadt des Bundeslandes Brandenburg, von vielen Berlinern als Vorort Berlins gesehen, ist eine lebendige Stadt voller Geschichte.

Start: Bahnhof Potsdam (Regionalbahn und S 7)
Ziel: Bahnhof Potsdam
Wann: jederzeit; wer shoppen will, nur werktags

Vom Hauptbahnhof Potsdam kommend nähert man sich dem Stadtzentrum über die **Lange Brücke,** die vor allem breit und verkehrsreich ist. Von der rechten Brückenseite blickt man hinunter auf die **Freundschaftsinsel,** die von der in Neue und Alte Fahrt geteilten Havel umflossen wird. Auf der linken Seite führt am Ende der Langen Brücke eine Treppe hinunter zum **Lustgarten** am Fuße des Mercure-Hochhaus-Hotels und zur Anlegestelle der Ausflugsdampfer.

Ein Stück weiter geradeaus knickt nach links die Breite Straße ab. Rechts liegt der **Alte Markt ❶** – bis 2013 eine riesige Baustelle: An diesem weiten Platz stand einst das Potsdamer Stadtschloss, dessen Ruine 1960 abgerissen wurde. 2007, nach langen Kontroversen über Kosten und Nutzung, wurde der Neubau des Landtags an dieser Stelle beschlossen. 2010 begannen die Bauarbeiten. Das Fortuna-Portal mit der goldenen Glücksgöttin ist der Vorbote für den geplanten Wiederaufbau in den historischen Dimensionen. Strahlend schön restauriert ist die von Karl Friedrich Schinkel 1830 erbaute klassizistische **Nikolaikirche**, der 1850 die weithin sichtbare Kuppel aufgesetzt wurde. Auf einem Rundgang unterhalb der Kuppel bieten sich herrliche Ausichten auf Potsdam. Schräg gegenüber duckt sich das prächtige **Alte Rathaus** von 1753. Hier soll 2012 das Potsdam Museum – Forum für Kunst und Geschichte eröffnen.

An der Breiten Straße liegt der original erhaltene Marstall, der seit 1981 das **Filmmuseum Potsdam ❷** beherbergt und v. a. die Defa-Filmproduktion dokumentiert. Der restaurierte **Kutschstall am Neuen Markt ❸** zeigt als Haus der Brandenburgisch-Preußischen Geschichte eine Dauerausstellung zum Thema und im angrenzenden Neubau Sonderausstellungen. Zur Stärkung laden im Innenhof des Kutschstallensembles das Bistro-Restaurant **Hammer** (○○) und am Neuen Markt die **Waage** (Nr. 12, ab 12 Uhr, ○○) im historischen Waagegebäude ein. Auffallend ist das **Gebäude Am Neuen Markt 5.** Die Fassade lehnt sich modern abstrahierend an den Vorgängerbau von 1755 an, der einem italienischen Palazzo nachgebildet war. Die Häuser entlang der Siefertstraße harren noch der Restaurierung.

Eine Fußgängerbrücke über den Stadtkanal führt in die **Wilhelm-Staab-Straße** mit ihren restaurierten Barockfassaden. Dahinter entstand vieles neu, so auch der **Nikolaisaal ❹**, ein Konzerthaus mit zeitgemäßer Technik.

Die einstige Garnisonstadt, die König Friedrich Wilhelm I. in der ersten Hälfte des 18. Jhs. für seine Soldaten anlegen ließ, erstreckt sich zwischen Charlottenstraße und Hegelallee, Schopenhauer- und Friedrich-Ebert-Straße. Hier finden sich schön restaurierte neben noch vernachlässigten Häusern und Ba-

Brandenburger Tor

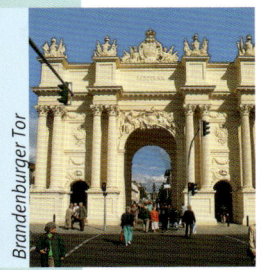

rockes neben DDR-Historismus. Vom **Brandenburger Tor ❺** zur Kirche **St. Peter und Paul ❻** führt die Brandenburger Straße, Potsdams Haupteinkaufsmeile mit Dutzenden kleiner Läden, zum Teil um hübsche Innenhöfe, dem prächtig restaurierten **Stadtpalast** (Kaufhaus) sowie vielen Straßencafés. Am authentischen Ort erinnert die **Gedenkstätte Lindenstraße 54** an die entsetzliche Vergangenheit: Das einstige Palais war Untersuchungsgefängnis der NS und später der Staatssicherheit der DDR.

Nördlich der Kirche liegt das **Holländische Viertel ❼** mit seinen roten Backstein-Giebelhäusern aus dem 18. Jh. Die restaurierten Gebäude beherbergen heute Kunsthandwerksläden sowie Restaurants und Bars. Weitere beliebte Cafés konzentrieren sich am **Nauener Tor.**

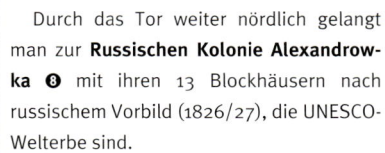

Durch das Tor weiter nördlich gelangt man zur **Russischen Kolonie Alexandrowka ❽** mit ihren 13 Blockhäusern nach russischem Vorbild (1826/27), die UNESCO-Welterbe sind.

Mit der Straßenbahn 92 kommt man zurück zum Potsdamer Hauptbahnhof. Oder man setzt den Spazierweg weiter nördlich mit dem Pfingstberg fort, über den man auch in den Neuen Garten (Tour 27) gelangt.

Im Holländischen Viertel

Touren im Anschluss: 25, 26

Pfingstberg
Russ. Kolonie
NAUENER VORSTADT
Marmorpalais
Orangerie
Museum Alexandrowka
Weißes Haus
Am Neuen Garten
Antenne Brandenburg
Russische Kolonie Alexandrowka
Puschkinallee
Am Schragen
Georg-Hermann-Allee
Pappelallee
Ehem. Ruinenberg-Kaserne
JÄGER-
VORSTADT
Schlegelstr.
Russ. Kolonie
Allee-str.
Emmaus-haus
Braunes Haus
Voltaireweg
Friedrich-Ebert-Str.
H.-Lange-Str.
Christuskirche
Gotische Bibliothek
Brentanoweg
Ulanenweg
Jägerallee
Behlert-str.
Hebbel-str.
Palais Lichtenau
Behlertstr.
Gregor-Mendel-Str.
Kurfürstenstr.
H.-Thoma-Str.
Weinberg-str.
Nauener Tor
Holländisches Viertel
Leiblstr.
Mittel-str.
Benkertstr.
Guttenberg-str.
Schopenhauer-str.
Hegelallee
Jägertor
Obelisk
Friedens-teich
Bassin-platz
Guttenbergstr.
Herm.-Elflein-Str.
Gedenkstätte Lindenstraße 54
Am Bassin
St. Peter und Paul
Franz.-K.
Brandenburger Str.
Charlotten-str.
Brandenburger Tor
Linden-str.
Charlottenstr.
Wilhelm-Galerie
Berliner
Luisen-Pl.
Obelisk
Wilh.-Staab-Str.
Platz der Einheit
Post
Am Kanal
Zeppelinstr.
Fontane Arch.
Nikolai-saal
Yorck-str.
Am Alten Markt
Marktcenter
Dortustr.
Glockenspiel
Siefertstr.
Fr.-Ebert-Str.
Nikolai-kirche
Burg-str.
Insel-brücke
Breite Str.
ehem. Militärwaisenhs.
Kutsch-stall
Am Neuen Markt
Kulturhaus
Altes Rathaus Potsdam Forum
Alte Fahrt
Freilichtbühne
Freundschafts-insel
W.-Seelenb.-Str.
Schloßstr.
Film-museum Potsdam
Fortunaportal
Breite Str.
Theater-schiff
Ausstellungs-pavillon
Neue Fahrt
Henning-von-Tresckow-Str.
Neustädter Havelbucht
LUST-GARTEN
Lange Brücke
Babelsberger Str.
Am Lustgartenwall
Anlegestelle Ausflugsdampfer
PotsdamCenter Bahnhofspassagen
POTSDAM HBF.
Untere Planitz
Friedrich-List-Str.
Obere Planitz
Hinzenberg
DB
S
Haupt-bahnhof
N
0
200 m
1
2
3
4
5
6
7
8

Tour 28

Sport – Macht – Geschichte

mittel

Olympiastadion → Glockenturm → Waldbühne → Corbusier-Haus → Friedhof an der Heerstraße → U-Bahn-Museum

In Berlin erzählen viele Orte von der Vergangenheit, auch das Olympiastadion, das sich zugleich als spektakuläre Arena im weitläufigen Olympiapark präsentiert. Weitere Höhepunkte: ein Architekturdenkmal der 1950er Jahre und ein idyllisch gelegener Friedhof.

Start: Ⓤ/Ⓢ Olympiastadion (U 2, S 3, 75)
Ziel: Ⓤ/Ⓢ Olympiastadion
Wann: jederzeit; Einschränkungen bei Veranstaltungen möglich; jeden 2. Sa im Monat ist das U-Bahn-Museum geöffnet

Der Stadionrundgang, der erste Teil des Spaziergangs, beginnt und endet am Eingang Ost vor dem **Olympischen Platz** ❶. An einer hoch aufragenden Stele sind an Bildschirmen einführende Informationen abrufbar. Seit der Fußball-WM 2006 populär, ist das ***Olympiastadion** ❷ in der Rangliste der meist besuchten Sehenswürdigkeiten Berlins weit nach oben geklettert. Tausende Besucher täglich strömen in das 2004 komplett, aber unauffällig modernisierte Stadion, um unter der spektakulären Dachkonstruktion der Architekten Gerkan Marg & Partner den grünen Rasen und die blaue Kunststofflaufbahn zu bewundern –

Olympiastadion

und auf geführten Touren auch einen Blick in das Allerheiligste wie Spielerkabinen und Ehrentribünen zu werfen.

Unabhängig von Führungen kann man sich 75 Jahre nach den Olympischen Spielen 1936 auf einen Geschichtslehrpfad begeben. Insgesamt 45 Infotafeln geben im weitläufigen Olympiapark Auskunft zur Entstehungs- und Nutzungsgeschichte der Sportbauten, zum Skulpturenschmuck und damit zur nationalsozialistischen Bau- und Kunstpolitik.

Das ehemalige Reichssportfeld im Westen Charlottenburgs wurde für die Olympischen Sommerspiele 1936 nach Entwürfen des Architekten Werner March erbaut. Es umfasst neben dem Olympiastation Schwimm-, Hockey- und Reiterstadion, das Maifeld mit Glockenturm, die Waldbühne sowie das Deutsche Sportforum, dessen Einrichtungen bis 1990 von den Britischen Streitkräften genutzt wurden.

Der zweite Teil des Spaziergangs führt nun in großem Bogen durch die Jesse-Owens-Allee außerhalb des Sportgeländes bis zum **Glockenturm** ❸. In seinem Sockelgeschoss, an das unmittelbar die Maifeld-Tribüne anschließt, informiert eine Dauerausstellung über den »Geschichtsort Olympiagelände 1909–1936–2006« (April–Okt. tgl.). Ein Stockwerk höher, von der Terrasse an der Gedenkstätte Langemarckhalle, und noch besser vom 77 m hohen schlanken Glockenturm (Aufzug) kann man das Stadion und das Maifeld, als Aufmarschgelände für 500 000 Menschen geplant, gut übersehen – und einen Blick auf die **Waldbühne** ❹ werfen. Die idyllische Freiluftarena für 22 000 Zuschauer, Berlins beliebteste Open-Air-Bühne, ist nur bei Veranstaltungen zugänglich.

Waldbühne

Durch Passenheimer Straße und Scottweg erreicht man die massig-kompakte Wohnmaschine des Schweizer Architekten Le Corbusier, ein Architekturdenkmal von 1957. Damals erregte das zur Internationalen Bauausstellung errichtete **Corbusier-Haus** ❺ mit über 500 Wohnungen auf 17 Stockwerken großes Aufsehen.

Corbusier-Haus

Ein Pfad hinter dem Hochhaus führt zu einer Treppe, die in die Heilsberger Allee mündet. Rechts durch die Sensburger Allee geht es bis zum **Georg-Kolbe-Hain** ❻ mit fünf Großskulpturen des Bildhauers. Georg Kolbes nahe gelegenes Atelier und Wohnhaus inmitten eines Kiefernwäldchens wurde zum **Georg-Kolbe-Museum.**

Unter der S-Bahn-Brücke hindurch gelangt man zu einem Hintereingang des **Friedhofs Heerstraße** ❼. Hier ruhen zahlreiche Prominente, darunter Georg Kolbe, George Grosz, Joachim Ringelnatz und der Schauspieler Horst Buchholz. Besonders idyllisch ist die Anlage von 1924 rund um den Sausuhlensee. Von dieser Senke aus steigen die Grabreihen terrassenförmig an.

Friedhof (Heerstr.)

Vom Haupteingang des Friedhofs an der Trakehner Allee ist es nicht weit zur U-Bahn Olympiastadion. Wer am 2. Samstag im Monat unterwegs ist, kann noch das **U-Bahn-Museum** im Stellwerk des U-Bahnhofs besichtigen. Einige der Exponate aus der über 100-jährigen Geschichte der Berliner U-Bahn darf man bedienen.

Touren im Anschluss: 29, 30

N
0
200 m
Frauenheim
Westtor
Waldbühne
4
A.-Bier-Platz
Körner-pl.
Gutsmuths-
Schenken-dorffpl.
Tennis-stadion
Str.
Brix-pl.
OLYMPIA-STADION (OST)
U-Bahn-Museum
H.-Braun-Platz
Hanns-Braun-
Schwimm-stadion
Hockey-stadion
weg
Rominter Allee
Olympische
Str.
Fahnentor
Sachsentor
Marathon-tor
Tribüne
MAIFELD
Glockenturm
3
Friedrich-
Westdamm
str.
Olympia-stadion
2
Olymp. Tor
Olympischer Platz
1
Ausgang
Allee
FRIEDHOF
Sausuhlen-see
7
HEERSTR.
Hl.-Geist-K.
Westendallee
Südtor
Coubertin-platz
Allee
R.-Harbig-Halle
Eisstadion
Passenheimer
Reithalle
Trakehner
OLYMPIA-STADION
Tunneltor
PICHELS-BERG
Jesse-Owens-Allee
Scottweg
Flatowallee
Corbusier-haus
5
Sensburger
Kath. Sch. Herz-Jesu
6
G.-Kolbe-Hain
Mohrunger Allee
Pillkaller Allee
Insterburg-allee
Allee
G.-Kolbe-Museum
Tharauer Allee
Angerburger Allee
Passen-hmr. Br.
Dickensweg
Heilsberger
Str.
Ragniter Allee
Heerstraße
2
5
Heerstraße
Scholz-platz
Lyckallee
Teufelsseestr.

Tour 29

Teufelssee und Teufelsberg: 115 m Schutt

lang

S-Bahnhof Grunewald → Waldmuseum → Teufelssee → Teufelsberg → Teufelsseechaussee (bis S-Bahn Heerstraße oder) → Alte Allee → Eichkampstraße → Ⓢ Grunewald

Typisch Berlin: Natürlich kann man einfach nur durch den Grunewald, das größte innerstädtische Waldgebiet, streifen und einen Aussichtsberg erklimmen, man kann aber auch am Wegesrand eine Fülle an Wissenswertem erfahren: Waldmuseum und Ökowerk klären über unterschiedliche naturnahe Themen auf.

Start: Ⓢ Grunewald (S 5, 7)
Ziel: Ⓢ Grunewald oder S-Bahn Heerstraße (S 3, 75)
Wann: an trockenen Tagen zu allen Jahreszeiten

Ausgangspunkt ist der S-Bahnhof Grunewald, seit 1899 ein Eingangstor in die Welt der Reichen. Die Villenkolonie aus der Kaiserzeit, in der auch heute viel Prominenz residiert – in der Nachbarschaft liegt auch das romantische Schlosshotel (s. Hotels, S. 131) –, lassen wir jedoch hinter uns liegen und nehmen die Unterführung unter der Avus, der Stadtautobahn, hindurch zur Eichkampstraße.

Im Durchgang führt eine Treppe zum **»Gleis 17«** ❶: Von hier aus wurden während der NS-Herrschaft zwischen 1941 und 1945 fast 40 000 Menschen deportiert. Das Mahnmal »Gleis 17« benennt auf einer langen Reihe von Stahlgussplatten entlang der Bahn-

Mahnmal »Gleis 17«

steigkante in chronologischer Reihenfolge die Transporte vom Bahnhof Grunewald mit Datum, Anzahl der deportierten Menschen und Bestimmungsort.

Jenseits der Avus lädt die **Waldklause** (○) am Schmetterlingsplatz (Eichkampstraße 156) zur Stärkung ein. Schon nach wenigen Minuten über den Schildhornweg biegt man vor der Revierförsterei Eichkamp nach links ab zum **Waldmuseum mit Waldschule** ❷. Die bunte Sammlung in dem Landhaus, vieles davon zum Anfassen, bringt Kindern die Lebensgemeinschaft Wald mit ihren Tieren und Pflanzen näher und hält auch für Erwachsene manche Überraschung bereit. Stark gefragt sind die geführten Nachtwanderungen (die Termine erfahren Sie unter Tel. 813 34 42).

Waldmuseum

Nächstes Ziel ist der **Teufelssee** ❸, ein Überrest aus der Eiszeit, der sich in einer Schmelzwasserrinne gebildet hat. An heißen Tagen lockt der idyllisch gelegene Badesee – einer der kleinsten, aber tiefsten Berlins – mit seinem kalten Wasser viele Badelustige an, darunter vor allem die FKK-Anhänger. Dann wird es eng auf der kleinen Liegewiese am Südufer.

Ein Stück kann man am See entlang laufen, dann macht der Weg eine größeren Bogen, kreuzt die Alte Spandauer Poststraße, umrundet das unter Naturschutz stehende Teufelsfenn, eines der Grunewaldmoore, und führt zum ältesten Wasserwerk Berlins. Hier hat sich das **Naturschutzzentrum Ökowerk** ❹ eingerichtet. Sehenswert ist die Informationsschau »Wasserleben«.

Ökowerk

Am Ökowerk beginnt die Teufelsseechaussee. Nur wenige Schritte hinter dem Parkplatz führt ein asphaltierter Weg hinauf auf den **Teufelsberg** ❺. Die steilen Kurven sind eine echte Herausforderung für Skateboardfahrer, die hier auch sportliche Rennen austragen. Der künstliche Teufelsberg, 115 m hoch, entstand durch die Anhäufung von Trümmerschutt des Zweiten Weltkriegs. Darunter wurde das Fundament der von Albert Speer geplanten wehrtechnischen Fakultät begraben. Während des Kalten Krieges betrieb die National Security Agency (NSA) der US-Army auf dem Gipfel eine Abhöranlage, deren Überreste noch erhalten sind. Offiziell umrunden kann man das abgesperrte Gelände nicht, aber man kann sich einen Weg bahnen, um die unterschiedlichen Aussichten zu genießen – Richtung Westen auf die Havellandschaft, im Osten auf die weit entfernt erscheinende Stadtsilhouette. Rundum kann man verschiedene Freizeitaktivitäten beobachten oder ausüben: Klettern am Kletterfels, Querfeldein-Mountainbiken, Drachensteigen im Herbst, Rodeln und Skifahren im Winter, Joggen und Spazieren zu jeder Jahreszeit.

Über mehrere Windungen steigt man wieder hinab zur Teufelsseechaussee, die Richtung Norden zur S-Bahn Heerstraße führt. Unser Weg folgt der Alten Allee an mehreren Sportanlagen vorbei und durch die ruhige Eichkampsiedlung zurück zum S-Bahnhof Grunewald.

Übrigens: Bei diesem und all den anderen Waldspaziergängen in Berlin gilt es, die Dämmerung zu meiden – in der Großstadt sind massenweise Wildschweinherden (und Füchse) unterwegs!

Tour im Anschluss: 28

N
0
200 m
Skihang
5
Teufelsberg
Berliner
Forst
S-Bahn
Heerstraße
Sportplatz
Eichkamp
KOLONIE
BUCHEN-
WEG
Sportplatz
Kühler Weg
Kühler Weg
Alte Allee
Alte Allee
EICHKAMP
Teufelsseechaussee
Teufelsfenn
NSG
Ökowerk
Teufelssee
4
Neuer Schildhornweg
Dauerwaldweg
Im Hornisgrund
Teufelssee
3
Schildhornweg
Revierförsterei
Eichkamp
Schmetter-
lingspl.
Schildhornweg
AVUS
chaussee
2
Waldmuseum
Pappel-
platz
Mahnmal
Gleis 17
1
Eichkampstr.
GRUNEWALD
Teltower Weg
Verbindungs-

Tour **30**

Spandau – willkommen im Mittelalter

mittel

*Zitadelle → Kolk → St. Nikolai → Markt → Kunstremise
→ Gotisches Haus → Lindenufer → Galerie Spandow
→ Rathaus

Spandau feiert 2012 sein 780. Stadtjubiläum und ist damit älter als Berlin – worauf die Spandauer mächtig stolz sind. Mit Zitadelle und Kolk verfügt Spandau über bedeutende Zeugnisse aus dem Mittelalter – und in der Altstadt über die größte Fußgängerzone Berlins.

Start: ⓤ Zitadelle (U 7)
Ziel: ⓤ Spandau (U 7)
Wann: das ganze Jahr über bei gutem Wetter;
Havelländischer Land- und Bauernmarkt
im Sommer (Mo, Di, Do Fr 9–19 Uhr),
berühmt ist der Spandauer Weihnachtsmarkt

Ausgangspunkt ist die ***Zitadelle Spandau** ❶, eine der bedeutendsten Renaissancefestungen Europas, die man über eine Zugbrücke ereicht. Wer entdeckungsfreudig oder an einem Tag mit Veranstaltungsprogramm unterwegs ist, kann sich lange hier aufhalten. Reste einer slawischen Befestigungsanlage stammen aus der Zeit um 1050. 500 Jahre später ließ Kurfürst Joachim II. die Festung erbauen, die 1564 fertig gestellt war. Die Zitadelle war Burg, Festung, Gefängnis, Tresor für den Reichskriegsschatz und im Zweiten Weltkrieg La-

Zitadelle

ger für chemische Kampfstoffe – bis sie Anfang der 1990er-Jahre zum Kulturzentrum wurde.

Die Dauerausstellung im Kommandantenhaus berichtet »Aus der Geschichte der Burg und der Zitadelle Spandau«. Vom Juliusturm blickt man aus 30 m Höhe in die Havellandschaft. Das ehemaligen Zeughaus beherbergt das Stadtgeschichtliche Museum. In der Bastion Königin kann man (nach Anmeldung) jüdische Grabsteine aus dem Mittelalter sehen. Raum für Künstler, Kunsthandwerker und ein Puppentheater bietet das »Atelier + Werkstatt Haus«. Weitere Räume werden für wechselnde Ausstellungen und Konzerte genutzt. Im Zitadellenhof werden regelmäßig große Feste gefeiert und die mittelalterliche »Zitadellen Schänke« (s. Restaurants, S. 137) verspricht rustikale Tafelfreuden. Eine besondere Attraktion sind die Fledermausführungen (www.bat-ev.de, Tel. 36 75 00 61): 10 000 heimische Exemplare nutzen die Zitadelle alljährlich als Winterquartier. Den ganzen Sommer über bespielt das »Citadel Music Festival« das Freigelände. In der **Freilichtbühne** ❷ gibt es Veranstaltungen für Familien.

Von der Juliusturmbrücke blickt man auf die Schleuse Spandau, die den Höhenunterschied zwischen der Unterhavel und der Oberhavel überwindet. Gleich hinter der Brücke führt eine Treppe hinunter in den *****Kolk** ❸, Spandaus ältesten Stadtteil. In der privat restaurierten St. Marienkirche finden oft Lesungen und Konzerte statt. Kolk, Behnitz und Möllentordamm heißen die Gassen im einstigen Fischerkiez mit niedrigen Fachwerkhäusern aus dem 18. und Miethäusern aus dem 19. Jh. Die Reste der Stadtmauer am Hohen Steinweg stammen aus dem 14. Jh.

In Kolk

Südlich der Straße Am Juliusturm liegt die **Altstadt Spandau,** die zum größten Teil Fußgängerzone ist. Die Einkaufsmeile Carl-Schurz-Straße kreuzt den Reformationsplatz mit der mächtigen **St. Nikolai-Kirche ❹**, in der sich 1539 Kurfürst Joachim II. (sein Standbild steht davor) zum lutherischen Glauben bekannte. Gegenüber blickt man im **Archäologischen Keller** (Am Reformationsplatz 3–4) durch Glasscheiben auf Fundamente eines Dominikaner-Klosters und Grabfunde aus dem 13. bis 15. Jh.

In der Altstadt

Am **Markt** geht es erst nach rechts in die Moritz- und dann nach links in die Jüdenstraße, die auf das Viktoria-Ufer trifft. Im spitzen Winkel befindet sich hinter weiteren Resten der Stadtmauer die **Kunstremise ❺**, in der Künstler und Kunsthandwerker ihre Arbeiten anbieten (Mo–Sa 12–17 Uhr).

Zurück über den Markt, ist das **Gotische Haus** in der Breiten Straße 32 einen Besuch wert. Der unverputzte Teil stammt aus dem 15. Jh. Historische Mauern sind im Keller freigelegt, das Obergeschoss beherbergt Ausstellungsräume, ebenerdig gibt die Spandau-Information touristische Auskunft.

Nach einem Abstecher zum **Lindenufer,** wo Spree und Havel zusammenfließen, geht es durch den schmucken Handwerkerhof der **Galerie Spandow** (s. Shopping, S. 141) zurück zum Markt, wo im Dezember die Lichter des Weihnachtsmarktes erstrahlen. Ein Havelländischer Land- und Bauernmarkt findet im Sommer statt (Mo, Di, Do Fr 9–19 Uhr). Durch die Carl-Schurz-Straße sind es nur wenige Schritte bis zum imposanten **Rathaus Spandau ❻** von 1913, mit der U-Bahn unmittelbar davor.

Touren im Anschluss: 28, 29

N
0
200 m
Krienicke
Zitadellengr.
Zitadelle
1
Julius-
turm
Stadtgeschichtl.
Museum
2 Freilichtbühne
Zitadellenweg
ZITADELLE
Juliusturm
Juliusturm-
br.
ALTSTADT
SPANDAU
Spree
Ruhlebener Altarm
Stresow
Altstadt
Schleuse
St. Marienk.
Möllentor-
damm
Kolk
Behnitz
3
Kolk
Am
WRÖH-
MÄNNER-
PARK
Neuendorfer Str.
Oranienb.
Stadtm.Tor
Heide-
tor
Falkenseer
Pl.
Falkenseer Damm
Reform.-
pl.
St. Nikolai
4
Got. Haus
Str.
Markt
Gal. Spandow
Fischerstr.
ufer
Viktoriaufer
Juden-
str.
Schütz-
Str.
5
Kunstremise
Carl-
Breite
Linden
Charlottenstr.
Char-
lottenbr.
6
Rathaus
Spandau
RATHAUS
SPANDAU
Altstädter Ring
MÜN-
SINGER-
PARK
L.-Braun
OS
Moritz-
Marien-
K.
Freih.-v.-
Stein OS
Askanierring
Spekteweg
SPANDAU
GEORG-
RAMIN-
SIEDLG.
Petersen-
weg
Kemmannweg
Stadt-
bücherei
Seegefelder
Str.
SPANDAU
DB
Brunsbütteler
Damm
Spandau
Arkaden
Klosterstraße
Kloster-
felde
Stresow-
pl.
Stresow-
str.
Grunew.-
str.
Petrus-K.
STRESOW
Freiheit

Das Hotelangebot ist riesig – und wird immer größer. Meist ist auch kurzfristig ein Zimmer zu bekommen, vorausgesetzt, es findet nicht gerade ein Großereignis statt, wie die Internationale Tourismusbörse oder die Internationale Funkausstellung. Gerade Wochenendbesucher sollten nach Pauschalangeboten und Sonderpreisen fragen bzw. im Internet suchen.

ackselhaus BERLIN (Prenzlauer Berg)
Belforter Str. 21, Tel. 44 33 76 33, www.ackselhaus.de, ○○–○○○
Eine Mietskaserne in Prenzlauer Berg verwandelte sich nach sorgfältiger Restaurierung in ein schickes Apartment-Hotel: Die ursprünglichen Wohnungen bestimmen den Grundriss der Themen-Zimmer (Italien, Marine, Savanne etc.). Zauberhaft ist der kleine, begrünte Innenhof. Der Club del Mar ist charmanter Frühstückssalon, am offenen Kamin kann man sich das Meer dazu träumen.

Adlon Kempinski (Mitte)
Unter den Linden 77,
Tel. 22 61-0,
www.hotel-adlon.de, ○○○
Der Klassiker unter den Top-Hotels in Berlin: Das legendäre Adlon aus der Kaiserzeit ist am Brandenburger Tor wiedererstanden – äußerlich in den historischen Dimensionen, im Innern mit prachtvollem Entree, Ballsälen, Spa und Pool. Genießer schwärmen vom Gourmet-Restaurant Lorenz Adlon. Schön sitzt man auch im Terrassen-Cafe Quarrée direkt am Pariser Platz.

Die Fabrik (Kreuzberg)
Schlesische Str. 18, Tel. 611 71 16,
617 51 04, www.diefabrik.com, ○
Eine Fabrik eben: steile Treppen, lange Flure, hohe Räume, große Fenster. Die Unterkunft in 1–7-Bett-Zimmern ist hell und schlicht, Duschen und WC befinden sich auf den Etagen. Garten im Hof.

Grand Hyatt Berlin (Tiergarten)
Marlene-Dietrich-Platz 2, Tel. 25 53 12 34,
http://berlin.grand.hyatt.de, ○○○
Schöner Wohnen am Potsdamer Platz: Das Innenleben überrascht mit kühnem Design und zeitgenössischer Kunst, perfekt gestylt bis hin zum Blumenarrangement. Die luxuriösen Zimmer haben großzügige Bäder. Vom Spa im Dachgeschoss genießt man den Blick über

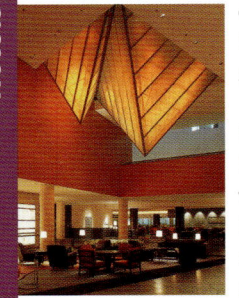

den Potsdamer Platz, in der Showküche des Restaurants Vox werden kreative Gerichte gezaubert.

Honigmond Garden Hotel (Mitte)
Invalidenstr. 122, Tel. 28 44 55 77,
www.honigmond.de, ○○
Die liebevoll restaurierten, farbenfroh gestalteten Räume liegen zum idyllischen Hofgarten, einige auch in der Remise, den Garten vor der Tür. Will man hier weg? Falls doch: Zu Sightseeing und Nachtleben ist es nicht weit.

Hotel de Rome (Mitte)
Behrenstr. 37, Tel. 460 60 90, Reservierung Tel. 1805-12 33 70,
www.hotelderome.com/index.html, ○○○
Was begeistert mehr: Der einzigartige Blick von der Dachterrasse über die historische Mitte Berlins oder das Eintauchen in den golden schimmernden Pool? Berlins jüngstes Luxushotel war Hauptquartier der Dresdner Bank. Spa und Pool nehmen den einstigen Tresorraum ein, die Suiten wurden auf der Vorstandsetage eingerichtet. Der Stil ist klassisch-streng, harmonisch vereint mit edlem Design.

Mövenpick Hotel Berlin (Kreuzberg)
Schöneberger Str. 3, Tel. 23 00 60,
www.moevenpick-hotels.com, ○○
Im »Siemenshaus« von 1914 wurden viele Details der industriellen Vergangenheit bewahrt. Die unterschiedlichen Zimmer sind modern gestaltet. Das Dach über dem mediterranen Restaurant Hof 2 lässt

sich im Sommer öffnen. Die trendige Bar ist beliebter Treffpunkt, der Potsdamer Platz nicht weit entfernt.

Riehmers Hofgarten (Kreuzberg)
Yorckstr. 83, Tel. 78 09 88 00, www.riehmers-hofgarten.de, ○○

Der Name steht für den Standort: Das Haus in zentraler Lage bewahrt den Charme der Berliner Gründerzeit, belebt durch Kunst der 1990er Jahre. Das Restaurant e.t.a. hoffmann gehört zum Haus.

Schlosshotel im Grunewald (Wilmersdorf)
Brahmsstr. 10, Tel. 89 58 40, www.schlosshotelberlin.com, ○○○

Der Modezar Karl Lagerfeld gab dem Haus den mondänen Schliff. Das einstige Adelspalais ist beliebt bei Reisenden, die eine Oase der Ruhe suchen und doch nicht weit weg vom Geschehen sein wollen. Weitere Pluspunkte: gepflegter Park, Wellness-Bereich mit Pool und das Gourmetrestaurant Vivaldi.

The Westin Grand (Mitte)
Friedrichstr. 158–164, Tel. 2 02 70, www.westin.de/Berlin, ○○○

Die große Freitreppe im Foyer ist geradezu gemacht für glamouröse Auftritte. Die Zimmer sind historisch prunkvoll oder sachlich-kühl eingerichtet, die Suiten bieten Büroausstattung oder einen privaten Spa. Events auch für Nicht-Hotelgäste sind beispielsweise die Sommer-Barbecues im Garten und ein Weihnachtsmarkt unter den Hotelarkaden.

Restaurants

Die Zahl der Restaurants, Imbisse, Cafés, Kneipen und Bars in der Hauptstadt ist unüberschaubar, und täglich ändert sich die Szene. In Berlin können Sie in allen Küchen dieser Welt schwelgen – egal ob vietnamesisch oder russisch, ob norwegisch oder libanesisch, ob thailändisch oder australisch. Ungeheuer vielfältig ist die Imbisskultur – neben der berühmten Currywurst und dem inzwischen überall verbreiteten Döner finden sich auch Sushi, Schawarma oder Falafel … In den Spitzenrestaurants sollten Sie allerdings unbedingt vorher reservieren.

Bagdad (Kreuzberg, Tour 15, Seite 60)
Schlesische Str. 2, Tel. 612 69 62, ○
Türkische Küche ist mehr als Döner Kebab. In diesem Kreuzberger »Urgestein« findet man reiche Auswahl bodenständiger Gerichte. Am schönsten sitzt man unter den bunten Glühlampen im Garten.

Café im Wintergarten (Wilmersdorf, Tour 9, Seite 41)
Literaturhaus, Fasanenstr. 23, Tel. 882 54 14, ○–○○
Ob in den Kaffeehausstuben, im anheimelnden Wintergarten oder im schönen Garten: Hier bleibt man gerne länger sitzen. Anregung zu Gesprächen geben viele Veranstaltungen im Literaturhaus. Frühstücken kann man bis 14 Uhr. Die Speisekarte der Bistroküche, darunter auch vegetarische Gerichte, wechselt nach Saison. Große Auswahl am Kuchenbüfett.

Diekmann im Weinhaus Huth
(Tiergarten, Tour 6, Seite 30)
Alte Potsdamer Str. 5,
Tel. 25 29 75 24, ○○–○○○
Wie in den goldenen 1920er-Jahren, als das vergnügungssüchtige Berlin im Weinhaus Huth frische Austern schlürfte, stehen diese Delikatessen ganz oben auf der Speisekarte. Der Küchenschwerpunkt ist regional, wobei Fleisch und Fisch von raffinierten Beilagen wie Balsamicokohlrabi oder getrüffeltem Blattspinat begleitet werden. Das Ambiente ist edel-gediegen. Preisgünstige Tagesgerichte.

Enoiteca Il Calice (Charlottenburg, Tour 9, Seite 42)
Walter-Benjamin-Platz 4, Tel. 324 23 08, ○○○
Edel-Italiener mit dem lebhaften Betrieb einer venezianischen Osteria: Ausgewählte Weine norditalienischer Weingüter stehen im Mittelpunkt und werden von perfekt harmonierenden Speisen begleitet, vom Schälchen Oliven über variationsreiche Platten mit Wurst, Schinken und Käse bis zur verlockenden Auswahl an Antipasti. Auch kom-

plette Menüs zum passenden Wein werden angeboten. Im Sommer verlagert sich das Treiben ins Freie – man fühlt sich fast wie in Italien. Reservierung sehr zu empfehlen.

Heinz Minki (Kreuzberg, Tour 14, Seite 61)
Vor dem Schlesischen Tor 3, Tel. 69 53 37 66, ○
Lauschiger als die versteckte Oase an einem historischen Zollhäuschen kann ein Biergarten kaum sein. Das Essen ist da eher Nebensache (Pizza, Wurst und Fleisch vom Grill), und die Bar am Samstag hat Kultcharakter.

Henne (Kreuzberg, Tour 13, Seite 58)
Leuschnerdamm 25,
Tel. 614 77 30, ○
Nur ein einziges Gericht steht auf der Karte – die gebackenen Milchmasthähnchen aber sind einmalig gut, und das Wirtshaus von 1907 ist ein Berliner Unikum. Unbedingt reservieren!

Horvath (Kreuzberg, Tour 13, Seite 58)
Paul-Lincke-Ufer 44 a, Tel. 61 28 99 92, ○○○
Die kulinarische Grundausrichtung ist österreichisch, der Kreativität des Küchenchefs sind aber keine Grenzen gesetzt. Am besten, man proviert eines der Menüs: Tradition, vegetarisch oder Überraschung (Amuse bouche). Man sitzt im Vorgarten ebenso schön wie im eleganten Interieur.

Defne (Kreuzberg, Tour 13, Seite 58)
Planufer 92c, Tel. 81 79 71 11, ○
Die türkische Küche ist mehr als Döner, Börek und Pide. Defne, auf türkisch „Lorbeer", stützt sich auf die unterschiedlichsten Einflüsse der türkische (Ess-)Kultur, die seit jeher eine vielseitige „fusion"-Küche pflegt. Lorbeer als Gewürz spielt in der mediterranen Küche natürlich auch eine wichtige Rolle.
In dem kleinen Lokal mit hübschem Vorgarten sitzt man sehr gemütlich. Voll wird es immer.

Mirchi (Mitte, Tour 4, Seite 22)
Oranienburger Str. 50, Tel. 28 44 44 82, ○
Der erste Eindruck: fröhlich, bunt und voll. Der zweite: Der Service ist schnell, das Essen schmeckt gut und ist bei riesigen Portionen erfreulich preisgünstig. Serviert wird Huhn, Rind oder Fisch, variiert mit Soßen à la Singapur, Thailand, Indien, Indonesien. Dazu gibt es fruchtige Cocktails.

Opernpalais (Mitte, Tour 1, Seite 10)
Unter den Linden 5, Tel. 20 26 83, ○–○○
Schlemmen von früh bis spät: Opulentes Frühstück im Café, mittags deftige Alt-Berliner Küche in der Schinkel-Klause im Keller, nachmittags eine Riesenauswahl an Kaffee und Kuchen auch im Garten, am frühen Abend einen Aperitif an der Garten-Bar und

anschließend zur Dinnershow in den Festsaal – das alles findet man im ehemaligen Kronprinzessinnenpalais.

Refugium (Mitte, Tour 5, Seite 26)
Gendarmenmarkt 5, Tel. 229 16 61, ○○○
Hirschrücken von der Müritz an Walnuss-Ricotta-Knusperravioli und Petersilienwurzelpüree oder Ruppiner Lamm auf Artischocken-Bohnengemüse: Die saisonal wechselnde anspruchsvolle Regionalküche kann man im einfühlsam modernisierten Gewölbe unter dem Französischen Dom oder unter Kastanienbäumen mitten auf dem Gendarmenmarkt genießen.

Restaurant 44 im Swissotel (Charlottenburg, Tour 9, Seite 41)
Augsburger Str. 44, Tel. 220 10 22 88, ○○○
Kreative Küche zum Ausprobieren. Beim Degustationsmenü – zum Lunch oder Dinner – kann man seine Lieblingsspeisen frei zusammenstellen. Die kleinen Portionen erlauben viele Gänge. Schön ist der Blick von der Terrasse auf den Kudamm.

Goldener Greif, Schloss Glienicke
(Zehlendorf, Tour 22, Seite 94)
Königstr. 36, Tel. 805 40 00, ○○–○○○
Ambitionierte Küche mit raffinierten Zusammenstellungen in der Schloss-Remise. Probieren Sie beispielsweise Dorade rosé mit Vanillerisotto und Gurken-Orangen-Gemüse oder Hirschkalbskeule mit Li-

mette und Honig auf Navetten und Mohnspätzle. Für Traditionalisten gibt es auch Wiener Schnitzel mit Bratkartoffeln.

Schlossrestaurant Cecilienhof
(Potsdam, Tour 25, Seite 105)
Potsdam, Neuer Garten, Tel. (0331) 370 50, ○○○

Nach Lachsforelle und Rehrücken wurden zum Dessert Schnittchen von dreierlei Schokolade an Quittenkompott und Birnen-Ingwer-Rahmeis gereicht: Es muss nicht das exklusive Menü für Queen Elizabeth sein, aber im königlichen Ambiente, drinnen oder draußen, kann auch der Normalbürger genussvoll speisen. Für flanierende Sommergäste gibt es zudem einen rustikalen Hofgarten.

Weinstein (Prenzlauer Berg, Tour 17, Seite 73)
Lychener Str. 33, Tel. 441 18 42, ○○

Klein ist es und immer voll, das liegt an den guten Weinen, an den ausgezeichneten Speisen und am freundlichen Service. Wer nicht reserviert hat, findet selten auf Anhieb einen Platz, kann sich aber die Wartezeit schon mal mit einem guten Schluck in der Weinbar verkürzen.

Zitadellen Schänke (Spandau, Tour 19, 30, Seite 125)
Am Juliusturm, Tel. 334 21 06, ○○ (Menü ○○○)

Geheimnisvolles aus der Klosterküche, Verführerisches beim Liebesmahl, Deftiges zur Sauhatz: Schlemmen wie im Mittelalter ist im romantischen Gewölbekeller der Spandauer Zitadelle angesagt – und höchst populär. Die opulenten Festtafeln, von Bänkelgesang begleitet, wechseln je nach Jahreszeit. Hausgetränke sind Met und Bärenpunsch.

Shopping

Ob KaDeWe oder Friedrichstraße, ob ein Lakritzladen oder ein Schokoparadies, ob Trödel- oder Türkenmarkt – in Berlin kommt jeder zu seinen Einkäufen.

Ampelmann-Shop (Mitte, Tour 4, Seite 21)
Rosenthaler Str. 40/41, Hackesche Höfe, Hof 5
(Filialen: Potsdamer Platz Arkaden, Basement; im Dom Aquaree, Karl-Liebknecht-Str. 1), Tel. 44 04 88 01, www.ampelmann.de
Das DDR-Ampelmännchen hat nicht nur überlebt, es steht in Rot und läuft in Grün, u. a. als Schlüsselanhänger, Leuchtfigur, Buchstütze, Keksausstecher oder Korkenzieher, und schmückt T-Shirts und andere Wäschestücke.

Berlin Story (Mitte, Tour 1, Seite 9)
Unter den Linden 26, www.BerlinStory.de

Ein Besuch dieser Buchhandlung, die gleichzeitig Galerie und Souvenirshop ist, ist für den Anfang eines jeden Berlin-Besuchs zu empfehlen, um sich einzustimmen auf die Stadt. Vor der Abreise kommt man gerne noch einmal wieder, um sich mit den speziellen Berliner Themen, die man besonders interessant fand, zu Hause noch weiter zu beschäftigen. Und natürlich, um etwas für die Lieben daheim mitzunehmen. 2500 Buchtitel über Berlin aus allen Genres machen die Wahl zur Qual. Dazu Berlin auf Video, DVD, CD, Poster, Postkarten und berlinische Souvenirs. Und darüber hinaus gibts noch eine informative Ausstellung und einen Berliner Salon für Lesungen, Kabarett und kulinarische Überraschungen..

DIM / Blindenanstalt Berlin
(Kreuzberg, Tour 13, Seite 57)
Oranienstr. 26, Tel. 902 98 66 21

Korbwaren, Bürsten und Besen gelten als typische Blindenwaren. In der Blindenanstalt Berlin werden sie seit über 120 Jahren hergestellt. Vor einigen Jahren entstand in Zusammenarbeit mit Design-Studenten »Die imaginäre Manufaktur«, in der Blinde und andere Menschen mit Handicap nach traditioneller Handwerkskunst eine vielfältige Palette an Gebrauchs- und Schmuckgegenständen aus Borsten und Holz mit neuem Design und neuer Funktion herstellen.

Shopping

Dussmann – Das Kulturkaufhaus (Mitte, Tour 5, Seite 25)
Friedrichstr. 90, Tel. 20 25 11 11, Mo–Sa 10–22 Uhr
Riesenauswahl auf fünf Etagen: Bücher, CDs, DVDs, Hörbücher, Software, Geschenke, feine Papiere und Noten. Regelmäßig Buchpräsentationen und Kulturveranstaltungen. Ein Café gibt es auch.

Fassbender & Rausch Chocolatiers (Mitte, Tour 5, Seite 26)
Charlottenstr. 60, Gendarmenmarkt, www.fassbender-rausch.de
Europas größtes Schokoladenhaus ist zum Anbeißen verlockend, wenn auch die Schokoladennachbildungen von Reichstag, Brandenburger Tor und der Titanic nur zum Anschauen gedacht sind. An der Pralinentheke aber gibt es Trüffel, Konfekt und ausgefallene Pralinenkreationen in bester handwerklicher Qualität, frisch in jeder gewünschten Menge verpackt oder in opulenten Bonbonnieren. Dazu Plantagenschokoladen aus den besten Edel-Kakaos der Welt. Zusätzlich kann man sich im Schokoladencafé Marzipan- oder Herrentörtchen zur Trinkschokolade schmecken lassen. Und im ersten Schokoladenrestaurant Europas werden Menüs kreiert, deren einzelnen Gerichten Edel-Kakao eine besondere Note gibt.

Flagshipstore Oderberger (Prenzlauer Berg, Tour 17, Seite 74)
Oderberger Str. 53, Tel. 39 82 65 70
Berliner Modelabels von Blitz bis Habgut, von Butterflysoulfire bis Vereinsträger: Rund 35 Kollektionen, entworfen von Berliner Jung-

designern, sind hier vertreten. Das Sortiment umfasst Damen- und Herrenmode sowie die passenden Accessoires. Auch Sonderanfertigungen sind möglich.

Galeries Lafayette und Quartier 206 (Mitte, Tour 5, Seite 21)
Friedrichstr. 76–78 und 71

Das französische Nobelkaufhaus Galeries Lafayette setzt Schwerpunkte mit aktuellen Modekollektionen aus Frankreich, Accessoires und Schönheitsprodukten sowie Lifestyle und Büchern. Anziehungspunkt ist die Gourmet-Etage mit französischen Delikatessen. Eine Passage verbindet mit dem Quartier 206, in dem unter der Marke »World of Style« Boutiquen mit Designer-Mode, Accessoires und Wohndesign zu finden sind.

Grober Unfug (Kreuzberg, Tour 12, Seite 54)
Zossener Str. 32/33, Weinmeisterstraße 9, Tel. 69 40 14 90,
www.groberunfug.de

Alles, was der Comic-Markt zu bieten hat, ist hier zu finden, dazu gibt es auch Raritäten für Sammler. In einer Galerie werden Comics natürlich auch ausgestellt.

Juwelier Brose (Spandau, Tour 30, Seite 126)
Breite Str. 23 und Galerie Spandow, Tel. 333 30 95

Im Vorderhaus am Spandauer Markt ein Traditionsgeschäft für Uhren, Juwelen und Optik, im Hinter- oder Handwerkerhof stellen junge Schmuck-Designer in der Galerie Spandow aus und bieten ihre originellen Kreationen zum Kauf an. Im Kunstsalon gibt es zusätzlich interessante Veranstaltungen.

KaDeWe (Schöneberg, Tour 9, Seite 40)
Tauentzienstr. 21–24,
www.kadewe.de
2007 feierte das »Kaufhaus des Westens«, einer der größten Departmentstores der Welt, sein 100-jähriges Bestehen – und präsentiert sich seither mit neuen Konzepten und verjüngtem Aussehen. Hier ist alles vom Feinsten: Designermode und Edelkollektionen, Accessoires, Parfümerie, Tisch- und Küchenkultur und das Highlight im 6. Stock: die Feinschmeckeretage, ein Edelsupermarkt mit zahlreichen Feinschmecker-Bars – unglaublich beliebt auch bei den Berlinern.

Kochlust (Mitte, Tour 4, Seite 22)
Alte Schönhauser Str. 36/37, Tel. 24 63 88 83, Mo–Fr 12–20 Uhr, Sa 12–18 Uhr, www.kochlust-berlin.de
Die Kochbegeisterung greift um sich: In diesem spezialisierten Buchladen finden Hobby- und Profiköche Anregungen – nicht nur durch neue Rezepte. Neben klassischen Kochbüchern gibt es Bildbände zu den Küchen und Kulturen der Welt sowie Geschichten rund um Kochtopf und Genuss. In einem Hinterraum befindet sich eine Show- und Schulungsküche. Die Kochkurse sind meist Monate im Voraus ausgebucht.

Lustwandel (Prenzlauer Berg, Tour 17, Seite 73)
Raumerstr. 20, Mo–Fr 12–20 Uhr, Sa 10–16 Uhr
Erotische Literatur und Kunst für alle Leidenschaften werden in ansprechenden Räumlichkeiten präsentiert.

Museumsshop Charlottenburg (Charlottenburg, Tour 10, Seite 46)
Schloss Charlottenburg (auch im Schloss Sanssouci und im Cecilienhof), www.museumsshop-im-schloss.de
Einkaufen wie bei Hofe: Schmuck und Seidenschals, wie sie Königin Luise trug, Wein, wie ihn Friedrich der Große getrunken haben könnte, oder Mokkatassen mit Motiven aus der Schlosseinrichtung. Viele Produkte werden exklusiv für die Museumsshops entworfen. Daneben gibt es Biographien, Bildbände und Kinderliteratur zu preußisch-königlichen Themen.

Potsdamer Platz Arkaden (Tiergarten, Tour 6, Seite 30)
Potsdamer Platz, www.potsdamer-platz-arkaden.de
Das beliebte und lichte Einkaufszentrum hat eine gute Mischung aus Einzelhandelsgeschäften von Mode über Bücher bis Elektronik und dazu jede Menge gastronomischer Angebote für den Hunger zwischendurch. Besonders lecker ist das Eis in der »Gelateria und Café«.

Friendly Society Berlin (Mitte, Nähe Tour 179, Seite 72)
Griebenowstraße 23, Fr, Sa, So 14–19 Uhr
Origineller kleiner Laden in einer Seitenstraße zwischen Zionskirchplatz und Kastanienallee. Neben ausgefallener Mode für Sie und Ihn, schönen Schmuckkreationen, edlen Designstücken, raffinierten Accessoires gibt es Kunstausstellungen, Minicafé und sonntags Kulturprogramm im Roten Salon im Keller.

Nightlife

Fast rund um die Uhr gibt es nichts, was es nicht gibt, allerdings wandelt sich auch kaum etwas schneller als die Kneipenszene.

Adagio (Tiergarten)
Marlene-Dietrich-Platz 1, Tel. 30 25 89 89 0, www.adagio.de,
Do ab 19, Fr, Sa ab 22 Uhr
Eine Mischung aus Märchenschloss und Ritterburg, Prunk und Kitsch: Der Club unter dem Musicaltheater am Potsdamer Platz ist riesig, die Ausstattung gigantisch, und die Musik setzt auf Danceclassics und Charts. Bevorzugter Schauplatz für Filmpremierenfeiern und Gala-Events.

Clärchens Ballhaus (Mitte)
Auguststr. 24, Tel. 282 92 95, www.ballhaus-mitte.de
Schwoofen wie einst bei »Clärchen«, dem traditionellen Ballhaus in der Mitte Berlins. Heute ist hier täglich ab 14 Uhr »bis in die Puppen«

Betrieb. Dienstag bis Donnerstag kann man vom Swing bis zum Tango Tanzschritte erlernen und am Wochenende zu Livemusik abtanzen. Zur Stärkung gibt es Pizza und Buletten.

Bar am Lützowplatz (Tiergarten)
Lützowplatz 7, Tel. 262 68 07,
www.baramluetzowplatz.com,
tgl. 14–4 Uhr
Klassisch-elegante Bar mit langem Tresen und riesiger Cocktailkarte, die auf Klassiker setzt. Genießer haben außerdem die Wahl bei über hundert Sorten Champagner und ausgesuchten Malt-Whiskey-Raritäten. Jazz, Soul und Weltmusik sind dezente musikalische Begleiter.

Puro – Sky Lunge Berlin (Charlottenburg)
Europa Center, Tauentzienstr. 11, Tel. 26 36 78 75
Berlins höchst gelegener Club bietet eine fantastische Aussicht und eine elegante Atmosphäre. Viele Promis fühlen sich hier oben wohl; oft geschlossene Veranstaltungen, aber Donnerstag ist »Lieblingstag« (ab 22 Uhr).

Quasimodo (Charlottenburg)
Kantstr. 12a, Tel. 3 12 80 86,
Die Großen des Jazz waren alle schon da: Art Blakey, Dizzy Gillespie, Chet Baker… Auch die aktuellen Gäste begeistern beinahe täglich mit Jazz, Blues, Funk, Soul und Rock das Publikum in dem kleinen Jazzkeller unter dem Delphi-Kino.

Lido-Berlin (Kreuzberg)
Cuvrystr. 2, www.lido-Berlin.de

Als Kino erbaut, als Rocker-Disco und Theaterprobenbühne genutzt, ist das Lido mit seinem 1950er- und 1960er-Jahre-Charme seit 2006 ein Club mit Dancefloor und Bühne für Live-Konzerte und DJ-Partys. Die Musik spannt sich von Indie-Rock über Punk bis Electro-Pop. Mit Biergarten, der im Winter zur überdachten Lounge wird. Keine festen Veranstaltungstage, aber fast immer am Sa, ab 21 Uhr.

Spindler & Klatt (Kreuzberg)
Köpenickerstr. 16–17, Tel. 30 69 56 67 75, www.spindlerklatt.de, Reservierung: reservation@spindlerklatt.com, White Lounge tgl. ab 18, Restaurant ab 20 Uhr. Fr, Sa Live-Musik

Das edel-asiatisch gestylte Bigsize Clubrestaurant im ehemaligen Kornlager der Heeresbäckerei macht seinem Namen alle Ehre. In der riesigen Halle findet jeder seine bevorzugte Ecke. Die Terrasse an der Spree bietet einen schönen Blick hinüber zur East Side Gallery. Der Clou sind bequeme große weiße Liegebetten, auf denen man es sich bequem machen kann – und auch das asiatisch inspirierte Essen und die Drinks serviert bekommt. Tische und Stühle gibt es auch. Spät am Abend legt ein DJ House-Musik auf.

SO 36 (Kreuzberg)
Oranienstr. 190., Tel 6140 13 06, www.so36.de

2009 von der Musikwirtschaft zum »Club des Jahres« gewählt und das mit stolzen 31 Jahren. Das SO36 ist Legende und erfindet sich immer wieder neu. 1978 eröffnet, erlebte der Club seine wilden Jahre in mit den Punk- und New Wave Bands der 80er Jahre und sorgt immer noch für Lautstärke und Stimmung mit Live-Konzerten und DJs.

Einmal im Monat wird der Dancefloor zur Rollerdisko – mit der Musik der 70er und 80er Jahre.

Strandbar Mitte (Mitte)
Monbijoupark
Die »Mutter aller Strandbars« hat sich zum Klassiker entwickelt. Tagsüber kommen die Sonnenanbeter, am frühen Abend sind die Cocktails begehrt und später in der Nacht wird – mit Blick auf das Bode-Museum – unterm Sternenhimmel geschwooft. Tanz von Tango bis Salsa und Walzer.

Watergate (Kreuzberg)
Falckensteinstr. 49 a, Tel. 61 28 03 94, www.water-gate.de
Bei Nacht wirken die Türme der Oberbaum-Brücke wie aus dem Rittermärchen geholt: Die tolle Aussicht durch große Fenster und die Terrasse am Fluss sind herausragende Pluspunkte des kühl designten Clubs. Hier legen überwiegend DJs aus der Techno-Szene auf.

40 seconds (Tiergarten)
Potsdamer Str. 58,
Tel. 890 642 41,
www.40seconds.de
40 Sekunden braucht der Fahrstuhl bis zum Penthouse – und dann eröffnet sich von drei Dachterrassen aus ein funkelndes Panorama über das Kulturforum bis zum Potsdamer Platz. Der Club mit Bar im Zentrum und drei Lounges öffnet freitags und samstags ab 23 Uhr für lange Partynächte.

Frühling

März: MaerzMusik: Festival für aktuelle Musik. www.berlinerfestspiele.de
Mai: Theatertreffen der deutschsprachigen Bühnen. www.berlinerfestspiele.de
Pfingsten: Karneval der Kulturen: Der farbenprächtige Umzug mit Tänzern, Musikern und Artisten lockt 1 Million Besucher an die Paradestrecke in Kreuzberg; mit 4-tägigem Straßenfest.
Mai bis September: Citadel Music Festival: Die mittelalterliche Festung rockt in vielen Klangfarben mit Oldies und Newcomern.

Sommer

Juni: Christopher Street Day: Parade und Demonstration der schwul-lesbischen Gemeinschaft
Lange Nacht der Wissenschaften: Forschungseinrichtungen lassen hinter die Kulissen blicken. www.langenachtderwissenschaften.de
Saisonabschlusskonzert der Berliner Philharmoniker in der Waldbühne. www.berliner-philharmoniker.de
Juli: Classic Open Air: Eine Woche Konzerte der Spitzenklasse auf dem Gendarmenmarkt. www.classicopenair.de
Juli bis September: Köpenicker Blues & Jazzfestival vor der imposanten Kulisse des historischen Rathauses.
August: Young Euro Classic: Jugendorchester aus ganz Europa stellen Komponisten ihrer Heimatländer vor; Konzerthaus am Gendarmenmarkt. www.young-euro-classic.de
Gauklerfest am Schinkelplatz mit Kunsthandwerk, Artistik und Gourmet-Spezialitäten.
Internationales Berliner Bierfestival: Fast 2000 Bierspezialitäten von 200 Brauereien aus 75 Ländern im »längsten Biergarten der Welt« an der Karl-Marx-Allee.

Lange Nacht der Museen: 100 Häuser öffnen bis 2 Uhr morgens.

Herbst

September: Musikfest Berlin: Internationale Spitzenorchester zu Gast. www.berlinerfestspiele.de
Jüdische Kulturtage: Theater, Konzerte, Filme, Lesungen zu Themen der jüdischen Kultur. www.juedische-kulturtage.org
Internationale Literaturfestival. www.berlinerfestspiele.de
Berlin-Marathon: international herausragender Stadtlauf.
Berlin Music Week: Sieben Tage lang dreht sich alles um aktuelle Pop-Musik: beim Kongress all2gethernow, beim Branchentreff Popkomm und dem Berlin Festival auf dem ehemaligen Flughafen Tempelhof sowie mit Konzerten in der ganzen Stadt und in einer Clubnacht, an der mehr als 40 Clubs teilnehmen. www.berlin-music-week.de
Oktober: Jedermann-Festspiele: Hugo von Hofmannsthals Schauspiel im Berliner Dom.
Festival of Lights: Die schönsten Gebäude der Stadt erstrahlen eine Woche lang in einer raffinieren Lichtinszenierung.

Winter

November: JazzFest Berlin: www.berlinerfestspiele.de
November bis Februar: Spiel Zeit Europa: Theaterfestival mit großen europäischen (Ko-)Produktionen. www.berlinerfestspiele.de
Februar: Internationale Filmfestspiele Berlin: Filmpremieren im Wettbewerb um den »Goldenen Bären« und in weiteren Sektionen der »Berlinale«. www.berlinale.de

Information zu Veranstaltungen ohne website:
www.visitberlin.de

city Tipps

Anreise
■ **Flugzeug:** Flughafeninfo und Flugauskunft: 0180 5000 186, www.berlin-airport.de.
Transfer:
von **Berlin Tegel (TXL)** Express Bus TXL über den Hauptbahnhof nach Mitte; Bus 109 und X 9 (Airport-Express) in die West-City; Bus 128 zum U-Bahnhof Kurt-Schumacher-Platz (Linie 6); von **Berlin Schönefeld (SXF)** ExpressBus X7 in den Hauptverkehrszeiten zum U-Bahnhof Rudow (sonst Bus 171) der Linie U 7; SXF1 zum S-Bahnhof Südkreuz; Airport Express über Alexanderplatz und Friedrichstraße zum Hauptbahnhof.
■ **Bahn: Hauptbahnhof Berlin,** Europa-Platz/Washington-Platz, Tel. 118 61, www.bahn.de.
S-Bahn (S 5, 7, 75, 9) zum Bahnhof Zoo bzw. Friedrichstraße Alexanderplatz,
Bus M41 und M 85 zum Potsdamer Platz,
U-Bahn zum Brandenburger Tor, TXL nach Mitte.

Fundbüros
■ **Zentrales Fundbüro,** Platz der Luftbrücke 6, Tempelhof, Tel. 75 60 31 01.
■ **BVG Fundbüro,** Potsdamer Straße 180/182, Schöneberg, Tel. 1 94 49.

Kartenvorverkauf
Kartenbuchungen für Theater-, Konzert- und andere Veranstaltungen über die BTM-Hotline Tel. 25 00 25, Vorschau im Internet unter www.berlin-tourist-information.de
Tickets für ausgewählte Veranstaltungen am Aufführungstag zum halben Preise in den infostores.
■ **Hekticket,** Alexanderplatz, Karl-Liebknecht-Str. 12 (Tel. 24 31 24 31, Fax 24 31 24 32, Mo–Sa 12–20 Uhr); Am Zoo, Hardenbergstr. 29d (Vorverkauf Tel. 230 99 333, Last Minute Tel. 230 99 30, Mo–Sa 10–20, So 14–18 Uhr).
Am Aufführungstag bis zu 50 % ermäßigte Restkarten für

Theater, Oper, Kleinkunst und Varieté. Reservierung auch telefonisch und online (www.hekticket.de) möglich.

Kulturinfos

www.berlinerfestspiele.de
www.berliner-philharmoniker.de
www.kulturprojekte-berlin.de
www.smb.museum
www.museumsportal-berlin.de

Notruf

- Ärztlicher Bereitschaftsdienst, Tel. 31 00 31
- Call a doc, Tel. 0 18 04–22 55 23 62
- Zahnärztlicher Bereitschaftsdienst, Tel. 89 00 43 33
- Notruf und Feuerwehr, Tel. 112
- Polizei. Tel. 110
- Giftnotruf, Tel. 192 40

Post

Spätannahme: Joachimstaler Str. 7, Charlottenburg, Mo–Sa 9 bis 20 Uhr, Selbstbedienung tgl. 24 Std.; Georgstr. 12, Mitte, Mo–Fr 6–22, Sa/ So 8–22 Uhr

Touristeninformationen

- **Berlin Tourismus Marketing GmbH (BTM):** Informations-Hotline, Reservierung von Hotels und Tickets, Tel. 0 30/25 00 25, reservation@visitberlin.de information@visitberlin.de, www.visitberlin.de
- **Berlin infostores:** Touristische Informationen, Hotelreservierung, Verkauf von Informationsbroschüren, Veranstaltungstickets (auch Last-Minute), WelcomeCard (s. »Unterwegs«); Berlin-Souvenirs: im Hauptbahnhof, Ebene 0/Eingang Nord, Europa Platz 1, täglich 8–22 Uhr; im Brandenburger Tor, Südliches Torhaus, Sommer tgl. 9.30–18 Uhr, Winter tgl. 10–18 Uhr. Außerdem: im Neuen Kranzlereck, Passage, Kurfürstendamm 21; in der Humboldt-Box am Schlossplatz.
- www.berlin.de
- www.berlin-info.de
- www.berlin-online.de
- www.visitberlin.de

city Tipps

Öffentliche Verkehrsmittel

U-Bahn, Busse und Straßenbahnen der **BVG** sowie die S-Bahn die Bahn AG bilden in der VBB (Verkehrsgemeinschaft Berlin Brandenburg) einen Tarifverbund. Es gibt drei Tarifzonen (AB, BC, ABC).

Die BVG bietet neben Einzelfahrscheinen und Tageskarten verschiedene Tickets an, darunter **Kleingruppenkarte** (bis zu 5 Pers.), **Welcome Card** (1 Erw. und bis zu 3 Kindern, gültig im Netz der VBB, dazu ermäßigte Eintritte), **Welcome Card Culture** (zusätzlich Museumspass eingeschlossen) und **CityTourCard** (1 Erw., 1 Kind bis 6 Jahre, ermäßigte Eintritte). Nähere Informationen bei der BVG und in den infostores.

MetroLinien (M) – Busse und Straßenbahnen – verkehren in kurzen Abständen auf den Hauptstrecken rund um die Uhr (nachts im 30-Minuten-Takt).

Am Wochenende (Freitag- und Samstagnacht sowie vor Feiertagen) gibt es durchgängigen **Nachtverkehr** auf zahlreichen S- und allen U-Bahnlinien (außer U 4 und U 55). An anderen Tagen fahren Nachtbusse nach Betriebsschluss der U-Bahn (an Werktagen ca. ab 0.30 Uhr) etwa alle 30 Minuten entlang der U-Bahn-Linien.

Weitere Informationen:
www.bvg.de,
www.s-bahn-berlin.de

Sightseeing

■ **Buslinie 100:** Vom Bhf. Zoo durch den Tiergarten, am Reichstag vorbei (Brandenburger Tor) und weiter Unter den Linden bis zum Alexanderplatz.

■ **Buslinie 200:** Vom Bhf. Zoo zum Potsdamer Platz, weiter über Leipziger, Wilhelmstraße, Unter den Linden bis zum Alex und weiter bis Friedrichshain.

■ **Berliner Wassertaxi Stadtrundfahrten (BWTS),** Tel. 65 88 02 03, www.berlinerwassertaxi.de. Einstündige Rundfahrten ab Zeughaus und

Domaquarée zwischen 10 und 17 Uhr, halbstündlich.

■ **Reederei Bruno Winkler,** Tel. 349 95 95, www.reedereiwinkler.de. Drei-Stunden-Rundfahrt über Spree- und Landwehrkanal durch das alte und das neue Berlin. Abfahrt: Schlossbrücke, Charlottenburger Ufer.

■ **Reederei Heinz Riedel,** Tel.693 46 46, www.reedereiriedel.de. Große Citytouren (3,5 Std.) bei Tag und Nacht sowie kurze Fahrten (1,5 Std.) im Zentrum. Ab Hansabrücke, Jannowitzbrücke, Kottbusser Brücke.

■ **Stern- und Kreisschifffahrt GmbH,** Tel. 5 36 36 00, www.sternundkreis.de. »Erlebnistouren« auf allen Berliner Gewässern (1 Std. bis ganzer Tag). Ab Hafen Treptow u. a. Stationen.

■ **Fahrradstation am Bahnhof Friedrichstraße,** Eingang Dorotheenstr. 30, Tel. (01 80) 28 38 48 48. Fahrradvermietung und geführte Radtouren. Sechs weitere Stationen im Stadtgebiet.

■ **Call a Bike,** Tel. (0 70 00) 522 55 22, www.callabike.de. Mietfahrräder der Deutschen Bahn im ganzen Berliner Stadtgebiet.

Taxi

Taxis können über Telefon bestellt, an Halteplätzen aufgesucht oder auf der Straße angehalten werden. Bei letzterem gilt auf Kurzstrecken (bis 2 km) der »Winketarif« von 4,50 €.

■ **City-Funk:** Tel. 21 02 02
■ **Funk-Taxi Berlin:** Tel. 26 10 26
■ **Quality Taxi:** Tel. 26 30 00, gebührenfrei Tel. 0800-26 30 00 00
■ **TaxiFunk Berlin:** gebührenfrei Tel. 0800-44 33 222

Velotaxi

Moderne Fahrrad-Rikschas befahren feste Routen, z. B. vom Kurfürstendamm zum Potsdamer Platz oder vom Brandenburger Tor zur Museumsinsel.

Man kann auch individuelle Touren buchen: Tel. 443 194-28, www.velotaxi.com

Register

Abgeordnetenhaus 49
Admiralspalast 25
Ägyptische Botschaft 37
Akademie der Künste 9, 38
Alexanderplatz 20
Allianz Treptowers 64, 66
Alte Nationalgalerie 13
Alte Potsdamer Straße 30
Alte Schönhauser Straße 22
Alter Hafen 78
Altes Museum 13
Alt-Tegel 77
Amerika-Gedenkbibliothek 52
Anreise 152
Archenhold-Sternwarte 66
Arena 61, 66

Bebelplatz 9
Beisheim Center 32
Bergmannstraße 54
Berlin Story 9
Berliner Dom 13
Berliner Ensemble 25
Berliner Rathaus 16
Berliner Unterwelten-Museum 70
Berlinische Galerie 50
Bernauer Straße 69
Bethanien 57
Blockhaus Nikolskoe 94
Bode-Museum 14
Börse 42
Borsig-Werke 76
Botschaft der Nordischen Länder 37
Botschaft der Vereinigten Arabischen Emirate 37
Botschaft des Königreichs Spanien 37
Botschaften 150
Boxhagener Platz 62
Brandenburger Tor 8, 33
Breitscheidplatz 41
Britische Botschaft 9
Bröhan-Museum 45

Bundeskanzleramt 34
Bundespräsidialamt 38

CDU-Zentrale 37
Centrum Judaicum 22
Chamissoplatz 54
Museum Charlottenburg-Wilmersdorf 45
Checkpoint Charlie 49
Corbusier-Haus 118

Daimler City 30
DDR-Museum 17
Delphi-Kino 42
Denkmal für die ermordeten Juden Europas 33
Denkmal für Hannah Höch 78
Deutsche Bahn 28
Deutscher Dom 26
Deutsches Guggenheim 9
Deutsches Historisches Museum 10
Deutsches Theater 25
Dicke Marie 78
Distel 25
Dokumentationszentrum Berliner Mauer 69
DZ-Bank 9

East Side Gallery 62
Engelbecken 57
Englischer Garten 38
Ephraim-Palais 18
Ermelerhaus 18
Europa Center 40
Events 148

Fernsehturm 20
Feiertage 150
Feste 148
Fischerinsel 18
Frankfurter Tor 62
Französische Botschaft 8
Französischer Dom 26
Freizeitpark Tegel 78
Friedhof Heerstraße 118

Register

Friedrichstadtpalast 24
Friedrichswerdersche Kirche 10
Fundbüros 150

Galeries Lafayette 26
Gedenkstätte Berliner Mauer 69
Gedenkstätte Deutscher Widerstand 37
Gemäldegalerie 29
Gendarmenmarkt 26
Georg-Kolbe-Hain 118
Georg-Kolbe-Museum 118
Geschichtsmeile Berliner Mauer 69
Gesundbrunnen 70
Gethsemanekirche 72
Gleis 17 120
Glienicker Brücke 100
Glockenturm 117
Greenwich-Promenade 77
Grips-Theater 38
Große Hamburger Straße 21

Hackesche Höfe 14, 21
Hackescher Markt 14
Halbinsel Stralau 65
Hamburger Bahnhof 34
Hansaviertel 38
Hauptbahnhof 34
Haus der Kulturen der Welt 34
Haus der Wannseekonferenz 90
Hebbel-Theater 50
Hedwigkathedrale 10
Heilandskirche 93
Heinrich-Heine-Straße 58
Heinrichplatz 56
Helmholtzplatz 73
Hi-Flyer 49
Historischer Hafen 18
Hofgärtner- und Maschinenhaus 93
Hoppetosse 66
Hotel Adlon 9
Hotels 128
Humboldt-Bibliothek 78
Humboldt-Mühle 78

Humboldt-Universität 9
Husemannstraße 74

In den Ministergärten 32
Indische Botschaft 37
Insel der Jugend 65
Italienische Botschaft 37

Japanische Botschaft 37
Jüdisches Gemeindehaus 41
Jüdisches Museum 50

KaDeWe 40
Kaisersaal 29
Kaiser-Wilhelm-Gedächtniskirche 41
Kammermusiksaal 29
Kantdreieck-Hochhaus 41
Kapelle der Versöhnung 69
Kappelle-Ufer 34
Karl-Marx-Allee 62
Kastanienallee 74
Käthe-Kollwitz-Museum 41
Keramik-Museum Berlin 45
Kleist-Grab 89
Knoblauch-Haus 17
Kollwitzplatz 74
Konzerthaus 26
Köpenick 80
KPM-Porzellansammlung 46
Kronprinzenbrücke 34
Kudamm Karree 42
Kulturbrauerei 73
Kulturforum 29, 36
Kulturkaufhaus Dussmann 25
Kunstbibliothek 29
Kunstgewerbemuseum 29
Kunst-Werke Berlin 22
Kupferstichkabinett 29
Kurfürstendamm 41

Landwehrkanal 58
Lenné'sche Bucht 101
Liebermann-Villa 89
Literarisches Colloquium 89
Literaturhaus 41

155

Register

Luftbrückendenkmal 54
Luisenkirche 44
Lustgarten 12

Marheinekeplatz 54
Marie-Lüders-Haus 34
Marienkirche, Mitte 21
Marienkirche, Kreuzberg 61
Märkisches Museum 18
Märkisches Ufer 18
Marlene-Dietrich-Platz 30
Marstall 18
Martin-Gropius-Bau 49
Marx-Engels-Forum 16
Maschinenhaus 101
Mauerpark 70
Max Liebermann-Haus 8
Mehringhof 54
Mehringplatz 50
Mexikanische Botschaft 37
Michaelkirche 57
Molecule Man 62
Monbijou-Park 14
Müggelsee
Mühlendammschleuse 18
Museum Berggruen 45
Musikinstrumenten-Museum 29

Nationaldenkmal 53
Naturschutzzentrum Ökowerk 121
Neptunbrunnen 20
Neue Kranzlereck 41
Neue Nationalgalerie 30
Neue Synagoge 22
Neues Museum 13
Nightlife 144
Nikolaikirche 17
Nikolai-Viertel 17
Notruf 151

Oberbaumbrücke 61
Oderberger Straße 74
Olivaer Platz 42
Olympiastadion 116
Oranienburger Straße 22

Oranienplatz 56
Oranienstraße 56
Originalwachturm 61
Österreichische Botschaft 37

Pariser Platz 8
Paul-Löbe-Haus 34
Pergamonmuseum 13
Pfaueninsel 94, 96
Philharmonie 29
Pleasureground 101
Potsdam 104, 108
- Marmorpalais 106
- Cecilienhof 105
- Neuer Garten 105
- Schloss Sanssouci 109
- Alter Markt 112
- Nikolaikirche 113
- Altes Rathaus 113
- Filmmuseum Potsdam 113
- Kutschstall am Neuen Markt 113
- Wilhelm-Staab-Straße 113
- Nikolaisaal 113
- Brandenburger Tor 114
- St. Peter und Paul 114
- Gedenkstätte Lindenstraße 54 114
- Holländisches Viertel 114
- Nauener Tor 114
- Russische Kolonie Alexandrowka 114
Potsdamer Platz 48
Potsdamer Platz Arkaden 30

Quartier 206 26
Quasimodo 42

Reichsbahnausbesserungswerk (RAW) 62
Reichstag 33
Restaurants 132
Riehmers Hofgarten 53
Rosenstraße 21
Russische Botschaft 9

Register

Savignyplatz 42
Schiffbauerdamm 25
Schinkels Alte Wache 10
Schloss Babelsberg 101
Schloss Bellevue 38
Schloss Charlottenburg 45
Schloss Glienicke 92
Schloss Tegel 78
Schlossbrücke 10
Schlossplatz 10
Schloßstraße 44
Schönhauser Allee 72
Schwules Museum 54
Shopping 138
Sicherheit 151
Siegessäule 38
SO36 56
Sony Center 29
Sophienstraße 21
Sowjetisches Ehrenmal 66
Spandau 124
Spreebogenpark 34
St. Matthäus 30
St. Peter und Paul 94
Staatsbibliothek 9, 29
Staatsoper Unter den Linden 10
Straße de 17. Juni 33
Südafrikanische Botschaft 37
Swinemünder Brücke 70
Swissôtel 41

Tacheles 24
Tauentzienstraße 40
Tegeler Hafenbrücke 77
Telefon 31
Teufelsberg 122
Teufelssee 121
The Kennedys 8
The Story of Berlin 42
Theater des Westens 42
Thomaskirche 57
Tiergarten 38
Topografie des Terrors 49
Touristeninformationen 151
Tränenpalast 25
Treptowers 61
Tretpower Hafen 65
Türkenmarkt 58
Türkische Botschaft 37

U-Bahn-Museum 118
Unter den Linden 9

Vagantenbühne 42
Viktoria Quartier 54
Viktoria-Park 53
Volkspark Humboldthain 70

Waldbühne 117
Waldklause 121
Waldmuseum mit Waldschule 121
Wallstraße 18
Walter-Benjamin-Platz 42
Wannsee 88
Warschauer Brücke 62
Wasserturm 74
Willy-Brandt-Haus 50

Zeughaus 10
Zille-Museum 18

Die Autorin:

Ortrun Egelkraut

lebt und arbeitet als freie Journalistin, Redakteurin und Reisebuchautorin in Berlin. In ihrer Stadt sind Museen und Theater, preußische Schlösser und Gärten ihr ständiges Einsatzgebiet. Für »Berlin zu Fuß entdecken« hat sie ihren Wohnort wieder einmal völlig neu erkundet.

Impressum

GANSKE TRAVEL MEDIA GmbH
Ein Unternehmen der
GANSKE VERLAGSGRUPPE
Harvestehuder Weg 41
D-20149 Hamburg
Autorin: Ortrun Egelkraut
Bildredaktion: Ulrich Reißer
Lektorat: Gudrun Rücker
Layout: Polyglott Chaos Productions, München
Umschlaggestaltung: 4S_art direction, Svea Stoss, Köln
Satz: Schulz Bild + Text, Hamburg
Kartografie: GeoGraphic Publishers, München
Kartografie Umschlag: Polyglott Kartografie

© 2011 by GANSKE TRAVEL MEDIA GmbH, Hamburg
Manufactured in China by Macmillan Production (Asia) Ltd.
ISBN 978-3-493-60191-6

Bildnachweis:

Adlon Kempinski: 129-1; Bar am Lützowplatz: 145; Berlin Story: 138; designhaus Berlin: 6-2; Defne Restaurant: 58-1, 135; Die Fabrik: 129-2; Diekmann im Weinhaus Huth: 133; DIM/Blindenanstalt Berlin: 139; Fassbender&Rausch: 140; Flagship Store: 6-3, 141; 40seconds: 147; Ralf Freyer: 18, 20, 21, 25, 29-2, 30, 49, 54-1, 54-2, 58-2, 65, 76, 77-1, 77-2, 78, 80, 81, 102-1, 102-2, 104, 106, 108, 109, 114-1, 114-2, 126; Grand Hyatt Berlin: 6-1, 130; Herbert Hartmann: 73-2; KaDeWe: 142; laif/Butzmann: 73-1; laif/Galli: 74, 97; laif/GAFF/Boris Geilert: 144; laif/Hoehn: 118, 134; laif/Langrock: 42; laif/Westrich: 64; laif/Zenit/Boening: 66, 116, 117; laif/Zielske: 9; Uwe Latza: 26, 41, 86; Lehmann & Blisse: 53; Hans-Peter Merten: 14-1, 22, 24, 62-2, 110-2, 124; Metropolphoto/Peters: 120; Naturschutzzentrum Ökowerk: 121-2; Opernpalais: 132, 135-2; Pixelio: 110-1, 125; Pixelio/AKhodi: 8; Pixelio/cornerstone: 33-2; Pixelio/H. Hoppe: 29-1; Pixelio/Paul Kirchhoff: 38; Pixelio/leica: 62-1; Pixelio/marco: 10; Pixelio/Marica: 118-2; Pixelio/Martin Treide-Heuser: 12; Pixelio/www.dieprojektoren.de: 33-1; Guido Schmitz: 34, 50, 57, 69, 82, 90, 93-2, 98, 105; Schroer's: 84;Theo Schuch: 85; SO36: 6-4; SPSG/Mario Weigt: 46; Swisshotel: 136; The Westin Grand/Starwood Archive: 128, 131; Waldmuseum/Gudrun Rademacher: 121-1; Mario Weigt: 14-2, 16, 17, 28, 37-1, 37-2, 45-1, 45-2, 49, 61, 68, 70, 88, 89, 92, 93-1, 94, 101.

www.polyglott.de

Alle Informationen stammen aus zuverlässigen Quellen und wurden sorgfältig geprüft. Für ihre Vollständigkeit und Richtigkeit können wir jedoch keine Haftung übernehmen.
Ergänzende Anregungen bitten wir zu richten an:
GANSKE TRAVEL MEDIA GmbH
Redaktion Polyglott, Harvestehuder Weg 41,
D-20149 Hamburg, E-Mail: redaktion@polyglott.de

Der beste **Apa Guide** aller Zeiten

NEU

Der Premiumreiseführer mit vielen brillanten Farbfotos, hochwertiger flexibler Bindung und Sonderteil „Reisemagazin".

POLYGLOTT — Apa Guide

Neuseeland

NEU! REISEMAGAZIN
Das Beste auf einen Blick

POLYGLOTT

www.polyglott.de